ALBERT GUINON

———

Remarques autour de la Guerre

(1914-1915)

SPECIE. SATIRICÂ. DOCENS

PARIS

Librairie Théâtrale, Artistique et Littéraire

11, Boulevard des Italiens, 11

——

Tous droits réservés.

Remarques autour de la Guerre

A LA MÊME LIBRAIRIE

OUVRAGES D'ALBERT GUINON

ALBERT GUINON

Remarques
autour de la Guerre

(1914-1915)

SPECIE.SATIRICÂ.DOCENS

PARIS

Librairie Théâtrale, Artistique et Littéraire
11, Boulevard des Italiens, 11

IL A ÉTÉ TIRÉ A PART

6 exemplaires sur papier de Hollande

numérotés à la presse.

96°

A MON PAYS

Hormis certaines, que j'ai retranchées de cette publication sous l'aspect du livre, je réunis ici les Remarques autour de la Guerre *qui ont paru dans le* Gaulois *au cours de l'année 1915.*

En outre, j'ai fait entrer en ce volume un certain nombre de Remarques *sur ces matières qui avaient paru pendant la paix et que la guerre a pleinement — et rudement — justifiées.*

A. G.

REMARQUES
AUTOUR DE LA GUERRE

C'est en vain que le pessimiste du temps de guerre chercherait à abriter sa désespérance sous le noble pessimisme philosophique du penseur. Ce pessimisme-là se tient exclusivement dans la haute sphère des idées; il est, en somme, un aspect du stoïcisme qui, dans la vie pratique, porte avant tout à la fierté, c'est-à-dire à un mâle optimisme.

∴

Pour l'écrivain qui se penche, depuis de longues années, sur la vie et sur l'homme et qui doit justement à cette étude le meilleur

de sa situation littéraire, rien n'est plus di-
vertissant que d'entendre des gens du public
exprimer à première vue, sur un sentiment,
une idée ou un caractère dont il a touché le
fond, une opinion cavalièrement contraire à
la sienne.

∴

La nation française n'est inférieure à elle-
même que dans les périls médiocres. Aux
grands peuples, il faut les grandes crises.

∴

Gloire à l'esprit français qui jaillit jusque
sous la mitraille et qui transforme intrépide-
ment le mot pour rire en un mot pour mourir!

∴

Les étrangers ne comprennent jamais qu'en
France les dissensions politiques sont comme
les disputes de cochers : elles cessent tout
d'un coup, dès qu'il faut aller de l'avant.

∴

Les guerres faites jadis par des armées de

métier ne laissaient entre les peuples mêmes
que des demi-ressentiments ; mais les guerres
faites par des armées de service obligatoire
créeront entre les nations d'ineffaçables haines. Car c'est la masse entière de chaque
peuple qui aura combattu, qui aura saigné
— et qui ne pardonnera pas.

.*.

Outre les vertus militaires, la France,
patrie du paradoxe et du tour de force, attend
quelquefois une guerre pour manifester toutes
les vertus du temps de paix...

.*.

Quand l'émoi patriotique vous dilate la
poitrine, on croirait enfermer tout son pays
dans son cœur.

.*.

Les raisonnements des pacifistes parviennent à abaisser même une nation neutre.

Un peuple industriel peut mourir; un peuple agricole est immortel.

∴

En temps de guerre, jusque dans les tâches les plus strictement civiles, chacun fait mieux ce qu'il fait. Il semble que s'appliquer soit encore une façon de se battre.

∴

Pour certains peuples, la guerre est un baptême et, pour d'autres, une résurrection.

∴

En cas de guerre, une des pires souffrances c'est de n'être, ni assez jeune pour se battre, ni assez vieux pour se résigner.

∴

Dans une grande crise nationale, on prend l'énergie de tout supporter — même les autres.

.·.

Les Allemands confondent l'organisation avec la civilisation.

.·.

La mobilisation générale, c'est, à travers le territoire à protéger, comme la circulation du sang de la patrie.

.·.

Limpidité dans la conception, logique dans la construction, fini dans l'exécution, voilà l'essence éternelle de l'art français, qu'il s'agisse du dramaturge écrivant une pièce, de l'ouvrier manuel fabriquant un objet ou du généralissime livrant une bataille.

.·.

Si le patriotisme est peut-être le plus beau des sentiments humains, c'est qu'il est le seul qui puisse être à la fois aussi violent et aussi pur.

.·.

Seuls, certains peuples agricoles sont capables de devenir pleinement civilisés, dans le vrai sens, dans le sens poli du mot. Les peuples industriels, au contraire, gardent des mœurs dures sous leur surface de bien-être, car le machinisme les condamne au culte de la force et à une sorte de bestialité mécanique.

∴

Seule entre toutes les nations, la France a la même finesse qu'une personne.

∴

Durant une guerre, tout ce qu'on donne d'amour à l'Humanité, on le vole à la Patrie.

∴

Il y a des gens qui sont toujours prêts à mourir pour leur pays, mais jamais comme leur pays le demande.

∴

En temps de guerre, celui qui a l'âge de porter les armes et que son insuffisance physique soustrait aux charges de l'existence

militaire, doit, s'il est délicat, renoncer à
certains profits de l'existence civile. Car c'est
un acte peu loyal que de supplanter tout à
son aise ceux-là mêmes qui se battent pour
vous; et quand on est sûr de ne pas perdre la
vie, il est d'une décence élémentaire de perdre
du moins quelque chose...

.*.

Les pacifistes se trompent grossièrement
dans leur raisonnement fondamental qui
consiste à proclamer que la civilisation éloigne
de la guerre. Ce qui aboutit à la plus barbare
des luttes, c'est précisément le conflit de deux
civilisations différentes.

.*.

Quand les Allemands veulent faire de l'esprit avec les Français, ils sont un peu comme
ces sourds qui s'obstinent à vous crier à
l'oreille...

.*.

Parfois, contre la fange où s'enlisait un

pays, la guerre a la violence purifiante d'une chasse d'eau.

.·.

Le jour où il n'y aurait plus de guerres, l'amour de la patrie deviendrait moins fort — de même que nous aimons moins ardemment une femme, lorsque nous l'aimons sans inquiétude.

.·.

Si ceux qui se battent ont la souffrance physique des blessures, la souffrance morale en est pour ceux qui ne se battent pas.

.·.

Les Allemands sont exactement le contraire d'un peuple destiné à la maîtrise du monde. Car le signe caractéristique du vrai peuple dominateur, c'est qu'il n'emploie, pour dominer, aucun des moyens qu'il a employés pour vaincre.

.·.

En temps de guerre, nos soucis personnels

eux-mêmes ne nous sont qu'une transition pour penser encore à la patrie.

.'.

Lorsqu'il arrive à quelque soldat français d'avoir un mouvement de recul en allant au feu, c'est à la façon du cheval de sang qui, parfois, se dérobe avant de gagner la course.

.'.

Tant qu'une nation s'agrandit par son adresse, elle demeure de second ordre. Elle ne passe au premier rang qu'en y ajoutant la force.

.'.

Au point de vue national, il n'est pas de crime individuel. Derrière les canons infâmes qui ont broyé la cathédrale de Reims, c'est toute l'Allemagne qui a fait feu.

.'.

Dans un grand danger national — hormis quelques amitiés essentielles qui sont comme des liens de famille — nos amis n'existent

1.

plus pour nous : ils sont noyés dans la patrie.

.·.

En temps de guerre, les premières « bouches inutiles » sont celles des orateurs politiques...

.·.

A la guerre, traiter un peuple sans foi ni loi avec la même générosité qu'un peuple qui combattrait loyalement, n'est pas faire preuve de chevalerie; c'est simplement se rendre indigne d'avoir de nobles adversaires.

.·.

Dans l'attitude guerrière, quelle savoureuse différence entre les Anglais et les Français — également beaux à voir! — Les Anglais, avec leur souci national du confort et de la tenue qui ne cède que quand la bataille commence, leur gaieté presque naïve qui, même en plein feu, respire encore les jeux sportifs, et cet inflexible courage qu'on dirait

fixé au compas!... Les Français, débraillés
dès leur sortie des casernes, idéalistes aux
mains sales, esprits goguailleurs et âmes
croyantes, loustics éternels volant à l'éternelle
croisade, flambants de cette bravoure séculaire qui éclate comme un projectile!

.<small>.</small>.

Les Allemands sont très fiers de leur artil-
lerie lourde. Et ils sont ainsi faits qu'ils en
admirent peut-être moins l'efficacité que la
lourdeur...

.<small>.</small>.

Certains politiciens, qui espèrent faire
oublier leurs méfaits à la faveur d'un grand
événement national, sont pareils à ces malan-
drins qui profitent d'un incendie pour se
livrer au pillage.

.<small>.</small>.

Comment la plupart des gens, pour qui
l'effort cérébral se limite à leur journée de
travail, auraient-ils la patience de suivre,

dans son développement, le travail artistique
ou son frère, le travail guerrier?

∴

Le pacifisme est la pire des trahisons : la
trahison pour le bon motif.

∴

Comme il y a une aristocratie des personnes,
il y a une aristocratie des nations, et les Allemands n'en sont pas. Ils sont un peuple parvenu.

∴

L'obéissance militaire est la plus noble de
toutes; car la discipline a l'auguste rigidité
d'une armure, et le soldat a l'impression qu'il
se soumet sans avoir à plier.

∴

Soyons justes. Entre autres qualités pré-
cieuses, les Allemands sont remarquables
notamment sur ces deux points : la rapine
en temps de guerre, la finance en temps de
paix.

.˙.

La ténacité du soldat français, c'est encore de l'élan qui bouillonne sur place.

.˙.

L'esprit d'application que les Allemands apportent en toutes choses ne leur assure aucune supériorité décisive. Il compense tout simplement l'infériorité native où les réduirait leur lenteur d'intelligence.

.˙.

Les Français sont les hommes qui apportent le plus de prévoyance dans leurs affaires privées et le moins dans leurs affaires publiques.

.˙.

Les meilleurs ouvrages des écrivains allemands sont diffus, surchargés et opaques : si belle qu'elle soit, c'est de la littérature irrespirable.

.˙.

Les soldats ont le droit de s'apitoyer sur les souffrances de l'ennemi, parce qu'ils ne s'attendrissent qu'après avoir bien tué. Chez eux, la pitié est une détente; chez les civils, c'est une lâcheté.

∴

Un réveil du patriotisme entraîne presque fatalement un réveil de l'esprit religieux. En vain objectera-t-on les soldats de 1792 : ils venaient tout droit de la religion, comme les soldats de 1914 y retournent.

∴

Jusque dans la tactique du combat, le Français reste un artiste, et l'Allemand, un usinier.

∴

Pourquoi, en cas de guerre, les hommes qui ont passé l'âge de porter les armes en rougiraient-ils? C'est précisément la plus haute signification du lien national que les jeunes se battent pour les vieux, et ceux-ci peuvent accepter sans honte l'appui que, naguère, ils auraient donné sans faiblesse.

∴

Les pacifistes ne réfléchissent pas qu'en empêchant deux vrais ennemis d'en venir aux mains on leur permet simplement d'amasser plus de haine encore pour l'inéluctable combat.

∴

En temps de guerre, pour exhorter au courage certains civils bien portants, il n'y a rien de tel que les militaires blessés.

∴

Le paysan est le soldat par excellence, parce qu'il est habitué à obéir à la pluie, à la grêle, à toutes les forces supérieures de la nature. Il est devenu ainsi l'homme de la discipline naturelle, tandis que l'ouvrier des villes reste toujours un peu l'homme de la discipline apprise.

∴

En somme, pendant une guerre, l'optimisme, c'est l'état de siège moral[1].

1. Comme j'ai tenu à le marquer dès le commencement.

⁂

Il serait vraiment trop naïf d'attribuer au régime démocratique l'honneur de vertus militaires qui sont — malgré lui — celles de la France.

⁂

Hélas! une nation ne grandit guère que par ses haines!

⁂

Dans certains cas, l'héroïsme calme avec lequel la France prend les armes au sortir d'une dégradante convulsion intestine, rappelle la noble décision de ces grands coupables qui se rachètent en offrant leur vie.

⁂

Lorsqu'un pays belligérant obtient les œillades des peuples-femmes, il peut prendre confiance en sa force.

de cet ouvrage (voir la 1ʳᵉ Remarque), les mots « optimisme, pessimisme, optimiste, pessimiste » du temps de guerre ne sont pas employés dans leur sens idéal et philosophique, mais uniquement dans leur sens de fait.

.˙.

Employer, contre un ennemi qui viole sans cesse le droit des gens, les mêmes procédés plus impitoyables encore dans leur cruauté voulue, ce n'est pas imiter ses crimes, c'est les lui faire expier.

.˙.

La *Marseillaise*, dite avec un délire prémédité par quelque artiste à succès, semble à la fois emphatique et inerte. Elle ne prend sa beauté suprême que mugie par la foule obscure.

.˙.

Dans cette chaîne éternelle des sentiments, amour de la famille, amour de la patrie, amour de l'humanité, c'est l'amour de la patrie qui assure le niveau supérieur de l'être humain. Car l'amour de l'humanité — sentiment trop vague — et l'amour de la famille — sentiment trop animal — n'empêcheraient pas l'univers de devenir une auge à bétail.

.˙.

Quand éclata la guerre, ceux qui désespé-
raient le plus volontiers de la victoire française furent certains financiers français. Le
réalisme brutalement impérieux de l'Allemagne les avait dès longtemps asservis en
les émerveillant ; et ces hommes d'affaires
médusés oublièrent un peu trop que, même à
la guerre, il ne suffit pas toujours d'être le
plus malhonnête pour être le plus fort...

.˙.

Pendant une guerre, le pessimisme est
pour le civil ce que la désertion est pour le
soldat.

.˙.

A tous ses grands efforts, l'Angleterre
apporte ce qu'on pourrait appeler un enthou-
siasme serein.

.˙.

Au récit de certains traits d'héroïsme guerrier, on a le même frisson que quand il tonne.

.˙.

Certains, qui, pendant une guerre, ne songent qu'à l'assistance espérée de l'extérieur, font penser à l'enfant qui a égaré sa bonne.

.˙.

Ce qui fait du peuple français le plus imprévu de tous, c'est qu'il reste toujours le même.

.˙.

Quel dommage que les admirables qualités nationales de la France soient quelquefois paralysées par cette triste lacune morale : l'impuissance de haïr !

.˙.

Un certain ton de plaisanterie, pris par un civil dans un pays qui se bat, fait l'effet d'une cabriole dans une maison mortuaire...

.˙.

Chacun de nos blessés doit être à nos yeux

comme un frère : car, entre lui et nous, sa blessure a mis les liens du sang.

∴

Les Français manquaient de mémoire : les Allemands viennent de leur en donner.

∴

Comme le caractère dominant d'un peuple s'affirme dans les accents de son langage parlé !... Écoutez les sons qui sortent de ces bouches diverses, et, sans même comprendre un mot des différentes langues, reconnaissez, rien qu'aux sonorités de chacune d'elles, la pesanteur brutale et têtue de l'Allemagne, l'assurance placide et forte de l'Angleterre, la clarté fine et entraînante de la France.

∴

Telle veuve d'un de nos soldats mort à l'ennemi dégage, à travers sa douleur, un rayonnement d'espérance française qui la désigne et qui la sacre.

.˙.

Ceux qui s'étonnèrent de voir les Allemands si mauvais psychologues quand éclata la guerre, n'avaient jamais observé ni réfléchi. Car les plus grandes œuvres littéraires allemandes ont toujours porté la marque de cette insuffisance vraiment nationale. *Faust,* admirable par ses généralités philosophiques, est d'une psychologie vivante tout à fait fruste ; et *Werther* doit sa beauté à la peinture d'un demi-fou.

.˙.

Certains deviennent courageux, parce qu'en somme c'est encore moins douloureux que d'avoir peur.

.˙.

Il y a deux sortes de neutralités : la neutralité qui se donne et la neutralité qui se débite.

.˙.

Ceux d'entre nous qui regardent la France comme vaincue, tant que la guerre ne sera pas

transportée sur le territoire ennemi, ont moins
des âmes de Français que des âmes de pro-
priétaires...

∴

Il ne faut pas méconnaître, il ne faut pas
renier le patriotisme de café-concert. Les
grandes idées font tout resplendir autour
d'elles, et tout spectacle est émouvant, que
l'on voit à travers des larmes.

∴

Le plus nuisible peut-être des pessimistes
est celui qui atteste très haut sa confiance
dans le résultat final, tout en se lamentant
sur les résultats quotidiens.

∴

L'essence morale des Parisiens est inalté-
rable. Et le Paris du temps de guerre est au
Paris du temps de paix ce que le régiment
est au dépôt.

∴

Dans l'obéissance, l'Allemand s'asservit, le
Français se conforme.

.˙.

L'Allemagne est la patrie des mots malheureux.

.˙.

Plus les susceptibilités sont exagérées, plus
elles sont noblement raisonnables, quand elles
sont dans le sens de la patrie.

.˙.

Les « Boches »... Ce mot, d'une brièveté
farouche et d'une sonorité comique, marque
à la fois ce que les Allemands ont d'exécrable
et ce qu'ils ont de ridicule. Attila n'est plus
seulement le fléau de Dieu, mais sa pince-
monseigneur...

.˙.

L'idéalisme des Anglais est, à la fois, plus
mystique et moins étourdi que le nôtre. Car
le nôtre néglige l'utile, et le leur l'ennoblit.

.˙.

L'expression supérieure de l'idée de patrie

ce n'est pas de vivre en commun, c'est de
mourir ensemble.

∴

Qu'importent Beethoven, Kant, Gœthe,
Schiller ou Schumann? A quoi sert d'évoquer
ces grandes ombres inopportunes? L'Allemagne industrielle et métallisée ne peut pas
devenir une nation de tout premier ordre,
une nation directrice. Car les Allemands
modernes sont un peuple extrêmement
vigoureux, mais qu'aucune pensée supérieure ne régit. La preuve, c'est que, durant
leur suprématie internationale, ils ont toujours eu ce dérèglement du pouvoir qui
éclate dans une machinerie puissante, quand
elle est livrée à elle-même. Et tandis que
la France, par exemple, est une nation de
quarante millions d'âmes, on pourrait presque
dire que l'Allemagne est une force de
soixante-dix millions de chevaux.

.˙.

L'envieux du temps de paix fait généralement un pessimiste du temps de guerre.

.˙.

« Vive la France! » est un beau cri. Mais combien plus beau encore est celui de : « Revive la France! »

.˙.

Avec un pessimiste qui se met en colère, il y a de la ressource : il est encore capable de devenir un optimiste.

.˙.

Dans une guerre, l'Allemagne court après son argent, et la France, après son histoire.

.˙.

Combien elle est émouvante et belle, en temps de guerre, cette expression : les grands blessés! Il semble que nous prêtions ainsi à leur blessure l'épithète qui sied à leur cœur.

.˙.

Celui qui, dans ses affaires particulières, se

plaît à rendre le bien pour le mal est un honorable imbécile ; mais, le jour où il veut étendre aux ennemis de sa patrie les effets de sa magnanimité personnelle, il devient proprement un traître.

.∴.

Avec ses qualités de prévoyance, de persévérance et de ponctualité, l'Allemagne serait une nation accomplie, si elle pouvait emprunter de l'esprit à la France, de la dignité à l'Angleterre, de l'abnégation à la Belgique, de la souplesse à l'Italie et de la probité un peu partout.

.∴.

Lorsqu'éclate une guerre, la chaleureuse platitude de certains antimilitaristes professionnels vis-à-vis des chefs militaires qui doivent les sauver, rappelle la vénération soudaine pour la religion qui saisit certains anticléricaux claquant des dents devant la mort.

.˙.

Le pessimiste est le pacifiste du temps de guerre.

.˙.

De tristes victimes de la guerre, et que nul ne songe à plaindre, sont les comédiennes parvenues au terme de leur troisième jeunesse et perdant une année de théâtre qui était peut-être la dernière.

.˙.

A l'heure de la guerre, l'Allemagne était comme ces enrichis qui ne songent plus qu'à une chose : se loger plus grandement.

.˙.

C'est une fort belle pensée que la réconciliation nationale, mais il faudrait faire la différence entre les braves gens qui y entrent et les malins qui tournent autour.

.˙.

Les Allemands sont très fiers de la richesse de leur langue. Mais une langue très abondante en mots prouve surtout l'impuissance d'un peuple à exprimer personnellement les nuances.

∴

Sauf de rares exceptions, le pessimiste du temps de guerre n'a même pas, contre l'ennemi, la virilité de la haine. Son sentiment est bien plutôt celui d'un respect hébété.

∴

D'un ennemi vaincu, l'Allemagne songe aussitôt à tirer une rançon, et la France, un sourire.

∴

En général, ceux qui ont fréquenté un peuple étranger et qui se piquent de le bien comprendre connaissent infiniment mieux ses mœurs que son caractère. Pour le véritable observateur, le caractère d'un peuple se révèle plus profondément en six mois de guerre qu'en quarante ans de paix.

.*.

Aux heures de grand péril physique, la vie semble retourner à sa source. Presque toujours le blessé qui va défaillir et dont les lèvres balbutient pense à sa mère ou à ses enfants avant de penser à sa femme.

.*.

Un hymne patriotique perd de sa force, chanté à plusieurs parties. A l'unisson des âmes, il faut l'unisson des voix.

.*.

Si nos démocrates avaient pu prévoir que l'armée finirait, malgré tout, par servir à la guerre, ils se fussent bien gardés d'y enrôler les prêtres. Car leur seul but, c'était d'abaisser l'idéal religieux par les promiscuités de la caserne; et ils enragent d'avoir aidé à son plus bel épanouissement par l'apostolat sous les balles.

.*.

C'est surtout en temps de guerre que le rai-

2.

sonnement doit souvent céder la place au tact.

.·.

Voici l'idéal du Français : gagner peu et ne pas dépenser tout.

.·.

Parmi les civils, une guerre guérit instantanément de nombreux malades imaginaires et les transpose en pessimistes. Tel cesse tout à coup de se plaindre de son estomac pour se plaindre de sa patrie.

.·.

La méthode, pour les Allemands, c'est comme le collier pour les chiens.

.·.

Dans certaines guerres, la neutralité n'est pas le recueillement, c'est le coma.

.·.

L'Allemagne ne s'est jamais aperçue qu'opprimer n'est pas primer.

.˙.

Ces massacreurs et ces pillards, qui, la paix signée, redeviendront de bons bourgeois d'Allemagne, font penser invinciblement à l'assassin qui aime bien sa mère.

.˙.

Le raisonnement — prétendu moral — suivant lequel un peuple « civilisé » ne saurait recourir, contre un ennemi qui viole le droit des gens, à des représailles de même ordre, est de la plus chétive niaiserie. Plus un peuple est civilisé, au contraire, plus il peut se permettre, en pareil cas, une inexorable revanche; car sa civilisation même purifie sa cruauté.

.˙.

L'Italie de la gloire a triomphé de l'Italie du pourboire.

.˙.

Lorsqu'en l'absence des hommes jeunes partis pour les combats, il advient au civil

déjà grison de glaner quelques bonnes for-
tunes, il a l'impression humiliante d'être,
pour les femmes, quelque chose comme le pain
K de l'amour.

∴

Si, en pleine guerre, malgré les meilleures
intentions, une pièce de théâtre qui met des
ennemis à la scène produit une impression
gênante, c'est qu'en somme elle s'efforce de
prêter la vie à des êtres dont le public désire
précisément la mort.

∴

Il est fort possible que la prépondérance
acquise par certaines nations, grâce à l'âpre
combinaison de l'industrie et de la finance,
marque un stade assez court de la marche de
l'humanité, et qu'un avenir prochain les
fasse descendre au rang de nations de second
ordre, strictement utilitaires et strictement
utilisées.

∴

Dans toutes les branches de l'activité céré-

REMARQUES AUTOUR DE LA GUERRE 33

brale, les Allemands excellent à s'inspirer d'autrui : ces sagaces et ardents profiteurs s'entraînent aux contributions de guerre en levant des contributions de paix,

∴

Lorsqu'un politicien médiocre parvient au gouvernement, il ne faut pas s'inquiéter outre mesure : il croit prendre le pouvoir, et c'est le pouvoir qui le prend.

∴

Souvent la guerre transforme le caractère, chez ceux qui ne se battent pas, plus profondément encore que chez ceux qui se battent; car, chez ceux-là, l'inaction forcée rend toute transformation exclusivement morale.

∴

L'Angleterre garde, envers les États-Unis, des faiblesses de grand'maman.

∴

Sur leurs ignominies, les Allemands plantent leur religion comme une bannière; et ces éternels faussaires ont contrefait jusqu'à Dieu!

⁂

La première grande guerre est, pour un peuple en croissance, ce qu'est, pour un adolescent, la première maîtresse.

⁂

Souvent, ceux qui, pendant la guerre, sont pessimistes à l'égard de la patrie, étaient, pendant la paix, des pleutres pour leur propre compte.

⁂

Dans leur éloignement pour l'armée du temps de paix, les démocraties sont bien illogiques; car, en confondant toutes les classes de la société dans le même service humble et filial, l'armée est seule à réaliser ce résultat prodigieux, que la démocratie n'atteint sur aucun autre point : l'égalité — et ce second résultat, plus prodigieux encore : l'égalité contenue par la règle.

.*.

Après les ruines incalculables qu'entraîne aujourd'hui une guerre, le peuple qui succombera ne pourra payer qu'au prix de sa liberté. Pour le vaincu, la paix sera la prison pour dettes.

.*.

L'honnête pays, qui s'abstient de représailles contre un adversaire sans foi ni loi, obéit souvent, sur ce point, à la crainte de perdre la sympathie des neutres. Erreur! Les neutres adorent l'énergie — quand c'est l'énergie des autres.

.*.

En temps de guerre, les pessimistes sont des prisonniers civils de l'ennemi.

.*.

A des siècles de distance, le caractère distinctif des peuples reste exactement le même. Car ils mettent le progrès commun au service de leurs différences.

.˙.

La patience des Allemands est incalculable :
c'est bien le peuple qui met le verbe à la fin
de la phrase.

.˙.

En matière internationale, l'honneur et
l'intérêt se confondent presque toujours : à
un affront correspond généralement une
perte.

.˙.

Certaines natures aventureuses ne goûtent
pleinement la vie qu'à la condition d'y risquer
constamment la mort.

.˙.

Telle phrase de Beethoven vous monte à
l'assaut de l'âme.

.˙.

C'est seulement dans une grande crise nationale que se révèle, jusqu'au fond, l'indi-
gence morale de certains. Leur attitude devant
la patrie nous démasque enfin leur bassesse

d'hommes privés, qui, jusqu'alors, nous avait fait illusion.

.٠.

Dans l'offensive aveugle de certains combats, les généraux allemands jettent leurs soldats comme des pierres.

.٠.

Si quelques écrivains français font si bon marché de toute la littérature de chez nous qui a précédé la guerre, c'est qu'ils ont, pour cela, les meilleures raisons personnelles...

.٠.

Les Allemands ont toujours mis l'homme qui a le cœur bien placé dans l'impossibilité d'être courtois vis-à-vis d'eux. Car ils prennent tout naturellement la courtoisie pour de la crainte.

.٠.

L'erreur sur la personne frappe tout contrat de nullité. Pourquoi l'Italie aurait-elle été rivée à son alliance avec une Allemagne devenue

3

criminelle, lorsque la loi casse le mariage
d'une femme qui, dans son époux, découvre
soudain un forçat?

∴

Parmi nos soldats, les plus émouvants
peut-être sont certains territoriaux, de profession placide, un peu tassés, un peu voûtés,
et qui donnent l'impression d'aller à la mort
ponctuellement — comme à leur bureau.

∴

Les gens d'affaires et de finance, à force de
tisser au-dessus des frontières la toile d'arai-
gnée des intérêts qui n'ont pas de patrie,
comptaient bien supprimer la guerre : ils en
ont simplement — et naïvement — décuplé
les ravages.

∴

Puisqu'il est très rare que les gens vous
deviennent plus sympathiques à mesure qu'on
les connaît mieux, pourquoi les relations de

peuple à peuple feraient-elles exception à
cette règle?

.·.

Il semble que tous les civils qui succombent
pendant une guerre devraient mourir d'une
maladie de cœur...

.·.

Les Allemands se trompent lourdement,
quand ils déclarent que la nécessité des lois
s'applique uniquement à l'état de paix et que
l'essence même de la guerre est de s'en passer.
En dépit des raisonnements faciles, c'est,
avant tout, la guerre qui a besoin d'un statut.
Car, en temps de paix, les mœurs pourraient
presque suffire aux rapports des peuples entre
eux, et les lois n'en sont qu'un reflet; tandis
qu'en temps de guerre, les mœurs retournant
soudain à la sauvagerie primitive, des lois
s'imposent aux nations qui se battent, comme
une muselière à un chien pour l'empêcher de
mordre au hasard.

∴

Combien, hélas! de ces pédants jocrisses pour qui « l'esprit critique » consiste à douter de son pays et à croire en l'adversaire!

∴

L'effort méritoire de quelques écrivains coquets pour mettre leur gentil petit talent au diapason patriotique fait penser à la noble résolution d'une modiste qui ne façonnerait plus ses aigrettes que pour les militaires.

∴

A travers tous les arrangements internationaux, les peuples ont au cœur d'éternelles haines qui sont les lames de fond de leur politique.

∴

Aux grandes heures de crise nationale, c'est souvent avec des inconnus que nous communions le plus volontiers, parce que nous ignorons tout ce qui, en temps de paix, pourrait nous séparer d'eux.

.˙.

En temps de guerre, les tout petits enfants prennent soudain comme un reflet auguste. A l'heure où frappe la mort, c'est eux la résurrection.

.˙.

En dépit des apparences conventionnelles, c'est la France légère qui a du bon sens, et l'Allemagne réfléchie qui n'en a pas. Car le bon sens est, avant tout, le sentiment des limites; et, s'exerçant de préférence dans le démesuré, la logique allemande n'est souvent qu'une folie raisonneuse.

.˙.

L'écrivain qui, en pleine guerre, cherche à planer au-dessus du niveau commun sous prétexte qu'il est un penseur, prouve par là même qu'il se trompe irrémédiablement sur ce qu'est la pensée...

.˙.

Au-dessus des autres blessures, la blessure

à la tête se dresse comme un phare de gloire.

∴

La patrie, c'est toujours contre quelqu'un.

∴

Les peuples sont pour nous des frères — oui, des frères ennemis.

∴

La grandeur d'une nation est peut-être faite avant tout de sa continuité dans l'égoïsme.

∴

A tendre la joue gauche, quand on a reçu un soufflet sur la droite, on est Jésus-Christ — ou un pleutre.

∴

Chez Beethoven, la mélodie à variations est comme un paysage merveilleux qui passerait, en un instant, par tous les aspects du ciel, depuis l'azur jusqu'à la tempête.

∴

L'Allemagne, nation d'excellents spécia-

listes en tous genres, pourrait rendre à l'humanité les plus grands services, si elle était
sous le protectorat d'un peuple à l'esprit
synthétique.

.˙.

La plus mortelle critique du régime parlementaire tient dans ce fait qu'en toute circonstance où l'intérêt supérieur de la patrie est en
jeu, la nation n'a plus qu'un désir à l'égard
de ceux qu'elle avait élus pour parler : les
voir se taire.

.˙.

L'Allemagne a eu tort de trop escompter
une République française pacifique. La France
a la gloire dans le sang, et son bonnet phry-
gien peut se raidir en casque!

.˙.

Pendant une guerre, les regrets frénétiques
que certains civils expriment volontiers de
leur inaction personnelle sont les plus irritants
du monde; car on sent qu'à leurs yeux, ces

regrets-là, c'est leur façon de mourir pour la patrie...

.·.

Dans une guerre où elles sont aux prises, il peut advenir que la France et l'Allemagne ne comprennent pas mieux l'une que l'autre l'état d'esprit d'une nation neutre, mais la cause de leur erreur est radicalement diffé- rente : chez l'Allemagne, c'est l'égoïsme; chez la France, c'est le besoin d'être aimée.

.·.

Il est d'un enchaînement psychologique très profond que le peuple français, étant le plus économe de tous, puisse, à l'occasion, en devenir le plus patient.

.·.

Le Français a la joie de tête; l'Anglais, la joie de poitrine.

.·.

Il y a une division dans l'opinion que toutes les réconciliations nationales sont impuissantes à effacer : ceux qui digèrent bien et ceux qui digèrent mal.

.*.

Il est des pions imperturbables chez qui l'érudition a enfoui le patriotisme.

.*.

Même dans la société civile, la politesse mondaine, en temps de guerre, subit une éclipse : nous ne pouvons plus fréquenter que les gens qui ont, non seulement nos opinions, mais aussi nos nerfs.

.*.

L'Allemagne a le pire des matérialismes : le matérialisme romantique.

.*.

Si formidablement robuste qu'elle soit, l'armée allemande donne souvent l'impression d'un hercule qui manquerait de sens musculaire.

.*.

En multipliant les nouvelles successives sur

les moindres phases d'un même événement,
les journaux, à force d'exactitude partielle,
finissent par en fausser complètement l'aspect
général. C'est comme si l'on prenait à tout
instant la température d'un malade : il deviendrait impossible de se faire une idée sur la
marche de la maladie.

∴

Les peuples jeunes commencent par la
vanité. La fierté leur vient ensuite.

∴

Rien n'est plus savoureux que de voir les
pires contempteurs de la religion contraints
— lorsqu'ils veulent exprimer de grandes
idées à des heures de grandes crises — de
recourir à des mots religieux...

∴

Si les Allemands effraient un peu moins
qu'ils ne s'en flattent, c'est que le dégoût est
un assez bon calmant de la peur.

∴

Le Français est bon collaborateur, à condition qu'il puisse médire un peu de la collaboration.

∴

Quand les militaires se mettent à écrire, ils le font dans un beau style et qui est bien à eux — un style, en quelque sorte, d'une familiarité solennelle.

∴

La séculaire et souveraine distinction entre l'honneur et l'argent, que l'épaisse culture germanique — cette civilisation au kilo — avait tout fait pour abolir, sort, de cette guerre, revivifiée et rajeunie, dans sa noblesse méditerranéenne et latine.

∴

Combien appellent bonté le total de leurs défaillances !

∴

La *Marseillaise*, si âprement belle quand on

y sent haleter le souffle fiévreux de la multitude, s'éteint presque toujours, quand c'est un orchestre qui l'exécute. Elle est jouée trop lentement, avec une affectation de gravité fade, alors qu'elle devrait être jetée dans un mouvement violent, avec une sorte d'allégresse dévorante, et bien moins comme un hymne que comme une danse guerrière, danse formidable d'un peuple en armes sur les grands chemins de la patrie.

En temps de guerre, le désespoir de ceux qui perdent un des leurs se fait plus discret. Ce qui les arrête dans l'effusion de leur deuil, ce n'est pas la pensée que tant d'autres sont morts, c'est la pensée qu'il y en a encore tant d'autres qui vont mourir.

Au point de vue international, les Français sont faits pour une politique offensive :

réduits à une politique de défense, ils s'étiolent
et dépérissent.

∴

Une des différences capitales entre l'Anglais
et le Français, c'est que l'Anglais ne se met
en colère que pour ce qui en vaut la peine.
Mais alors il s'y met pleinement, et pour tout
le temps nécessaire.

∴

Venise vous saisit; Florence vous con-
quiert; Rome vous pénètre.

∴

Le vrai patriotisme n'est que l'instinct de
conservation élargi.

∴

Chez Beethoven, il y a telle note isolée qui
s'enfonce en vous comme un coup de sonde.

∴

Parmi ceux qui se battent, les plus admirables sont encore les pauvres. Car ils sont

les seuls qui n'aient rien à défendre — que la Patrie.

∴

Le pli professionnel est si fort que certains Français, exerçant des métiers où les Allemands ont la suprématie, conserveront, vis-à-vis de l'Allemagne, pendant toute la durée de la guerre, des âmes craintives d'inférieurs.

∴

Le tempérament combatif des Français ne peut se passer indéfiniment de la guerre étrangère : sans quoi ils dégorgent, dans de basses querelles intestines, le trop-plein souillé de cette ardeur belliqueuse.

∴

Le Français a toutes les audaces — sauf pour son fils et son argent.

∴

La manière atroce dont l'Allemagne fait la guerre a rendu impossible, vis-à-vis d'elle, à

nos cœurs français un des plus nobles sentiments qui soient : le respect de l'ennemi; et
c'est peut-être cette blessure morale que lui
pardonnera le plus difficilement notre idéalisme déchiré.

.˙.

Trop souvent, ceux qui ont beaucoup voyagé
et qui aiment chercher à l'étranger leurs
motifs d'admiration, s'imaginent qu'ils ont
élargi leur patriotisme, quand ils se conten-
taient de l'égarer.

.˙.

En temps de guerre, le snobisme habituel
conduit aisément au pessimisme. Car l'essence
même du snob, c'est de faire la petite bouche
à contre-sens.

.˙.

Si belle que soit, dans la grande tragédie
présente, l'attitude de la France, celle de
l'Angleterre est peut-être plus belle encore.
Car le Français, endormi dans la paix traî-

tresse, se réveille guerrier rien qu'à toucher une arme, tandis que l'Anglais, contempteur invétéré du métier de soldat, doit tendre tout son être pour l'ajuster d'un seul coup à cette fonction qu'il dédaignait la veille.

.˙.

Un régime militaire aurait, en France, les meilleurs résultats, parce qu'il serait allégé par notre caractère national — dont il serait lui-même le correctif; au lieu qu'en Allemagne, il arrive aux pires effets, parce qu'il est aggravé par la servilité indigène.

.˙.

Pour la plupart des Français libre-penseurs, le catholicisme reste la religion de leur mère.

.˙.

L'Allemand est bon espion pour les faits et mauvais espion pour les sentiments.

∴

En temps de guerre, il est un pessimisme véniel qui n'est qu'une forme de l'impatience. Il se rencontre surtout chez les gens qui, dans leur profession personnelle, sont des improvisateurs.

∴

Alors qu'il fait presque sourire pendant la paix, comme il devient émouvant et beau sous les balles, l'humble grade de « premier soldat » !

∴

Sur le visage d'un homme qui a tout juste passé l'âge de se battre, un air trop satisfait prend vite, en pleine guerre, l'aspect d'une incongruité.

∴

L'internationaliste pur ne commence à ressentir une véritable hostilité contre une nation étrangère que lorsqu'elle devient l'alliée de son pays.

.·.

En temps de guerre, combien n'ont pas
l'âme assez sûre d'elle-même pour faire de
bons civils et qui — n'était leur âge — feraient
d'excellents soldats !

.·.

Se priver des joies de l'art allemand, pendant qu'on est en guerre avec l'Allemagne,
est de la même décence impondérable et
sûre que s'astreindre aux vêtements noirs
pendant la durée d'un deuil.

.·.

Le pessimiste du temps de paix devient
souvent le plus ferme optimiste du temps de
guerre ; car pour lui, pendant la paix, le
pessimisme est une mesure de prévoyance
nationale.

.·.

La Turquie n'est même pas une expression géographique , elle n'est qu'une expression financière.

.•.

La guerre déshabille, d'un geste rude, quelques sentiments très respectables du temps de paix — à commencer, dans certains cas, par l'attachement familial. Quand le sort du pays est en jeu, un foyer, autour duquel la famille au complet se serre trop stricte- ment, fait un peu l'effet d'une niche à chiens.

.•.

Nombre de femmes, en temps de guerre, ont un mauvais regard pour le civil sur le retour rencontré en galante compagnie. Il semble qu'à leurs yeux celui qui n'est plus homme pour se battre ait perdu le droit d'être homme pour aimer.

.•.

Un pays ne devient une patrie que lorsqu'il a souffert.

.•.

La plupart du temps, la gaieté anglaise n'est qu'un mouvement du corps.

Quelle forte saveur a le caractère italien,
à la fois passionné, fataliste et calculateur !

Quelquefois l'inspiration de Beethoven se
met à trépigner.

La meilleure chance qu'on ait encore
trouvée de ne pas être battu, c'est de se battre.

L'Anglais aime se servir des choses ; le
Français aime les posséder et les réserver.

L'univers chérit la France comme un ami
qui vous irrite quelquefois, mais auquel on
revient toujours.

Lorsque cette midinette parisienne ou ce
laboureur de la Beauce parlent de l'Allemagne
colossale et battant neuf avec un fin mépris,
ils ont l'obscure et victorieuse conscience

d'incarner, à cette minute-là, dans leurs humbles personnes, ce que les siècles ont produit de plus haut : l'âme de la France.

.•.

Puisqu'en pleine paix, si longtemps après leurs victoires, les Allemands restaient des combattants, c'est donc qu'ils n'étaient pas faits pour devenir des maîtres.

.•.

Quelques politiciens néfastes, dont la guerre a rendu les actes plus nuisibles encore, devront payer leur dette. Pour ceux-là, l'union de tous les Français devant l'ennemi ne fut pas une absolution : elle est simplement le moratorium des malfaiteurs.

.•.

Certes, le courage est une qualité de nos ennemis, et les soldats allemands sont fermes sous le feu — même quand c'est le feu de leurs officiers...

Que les étrangers ne s'y trompent point !
Dans bien des cas, lorsqu'ils jugent les Français, ils prennent pour de la versatilité ce qui
est de la vivacité d'esprit. Car, s'il est vrai
que nous passons facilement à une autre idée,
c'est souvent sans abandonner la première.

Une des erreurs les plus dangereuses pour
un peuple vaincu, c'est de vouloir se relever
en imitant servilement son vainqueur ; car
celui-ci a presque toujours obtenu la victoire
par le procédé contraire, c'est-à-dire en
développant à l'extrême ses qualités propres.

Dieu merci, les protestants et les catholiques français peuvent renier de haut les
protestants et les catholiques d'Allemagne.
Car la race nationalise la religion.

Malgré les apparences, ce sont les pessi-

mistes du temps de guerre qui, la paix réta-
blie, deviendront le plus vite oublieux. C'est
qu'il y a là deux formes opposées et successives d'un sentiment unique : l'égoïsme.

.*.

Pour être au niveau supérieur de la civilisation, il manque à l'Allemagne — entre
autres choses — je ne sais quel air détaché...

.*.

Pour l'écrivain qui remue des idées sur la
guerre, la visée suprême, c'est de faire vibrer
les âmes fortes et sursauter les âmes faibles.

.*.

Ceux qui ont perdu un des leurs au combat
sont les plus acharnés à pousser la guerre
jusqu'à une paix vraiment réparatrice : car
ils se cabrent à la pensée d'avoir sacrifié en
vain des êtres chers, et ils veulent, si l'on
peut dire, toucher les intérêts de leurs morts.

.*.

Par essence, les Russes ne sont peut-être

pas des victorieux ; mais ils sont mieux encore : ils sont des invincibles.

.•.

Dans une même circonstance, le Français sera insolent, l'Anglais hautain, l'Allemand grossier.

.•.

La guerre de 1914, c'est le triomphe des peuples sur leur propre politique.

.•.

On dirait vraiment que l'Allemagne s'est donné pour tâche de faire réfléchir l'univers sur les dangers de l'industrie.

.•.

Les étonnantes erreurs d'appréciation commises en matière internationale par ceux qui sembleraient devoir s'y tromper le moins, c'est-à-dire par les hommes d'affaires, viennent de ce fait qu'à force de manier les intérêts, ils finissent par ignorer les sentiments, et que, par un instinct logique, la nation, qui leur confie sa bourse, ne leur confie pas son âme.

.·.

Deux peuples ne s'aiment vraiment que dans la haine contre un troisième.

.·.

Les Français sont le peuple qui a le plus fortement l'instinct des choses nouvelles — et l'horreur d'en adopter l'usage.

.·.

Où la Française s'en tire avec de la finesse, l'Anglaise s'en tire avec du quant-à-soi.

.·.

La musique religieuse de Beethoven a parfois quelque chose de guerrier. Il y a, chez lui, des moments où Dieu fait penser à un général en chef.

.·.

La force des Français, c'est que, dans les grands périls nationaux, leur individualisme devient collectif.

4

⁂

En politique extérieure, la France a la plus noble des infériorités : elle fait mal le chantage.

⁂

Ceux qui conseillent à la France — lorsqu'elle sera victorieuse — de supplanter commercialement l'Allemagne à travers le monde, oublient que, pour tendre à ce but, il manque aux Français le plus essentiel des mobiles : la cupidité.

⁂

La plupart des femmes, durant une guerre, sont de résolues optimistes. Leur pessimisme ne s'exerce que sur de menus détails, qu'elles critiquent un peu comme le corsage d'une robe ou la garniture d'un chapeau...

⁂

Il arrive souvent que le Français soit bon combattant et mauvaise sentinelle.

⁂

Il ne faudrait pas qu'on s'y trompât : l'union

sacrée lie chaque Français à tous les Français
pris ensemble, mais le dispense d'attachement
pour quelques-uns pris en particulier.

.·.

Il était dans la logique insolente de l'Histoire que fussent alliés pour la présente guerre
ces deux peuples qui ne purent jamais entrer
dans la civilisation méditerranéenne : les
Turcs et les Prussiens.

.·.

L'espèce d'admiration que certains témoi-
gnent à l'égard de l'ennemi n'est qu'un moyen
de maquiller la peur dégradante qu'ils en ont.

.·.

A ceux qui vous demandent si vous avez
perdu quelqu'un à la guerre, on a envie de
répondre : « J'ai perdu tous les Français qui
sont morts! »

.·.

Durant cette guerre, l'Allemagne s'est conduite de façon tellement ignominieuse, que

la réconciliation d'un Français avec un Allemand ne semble désormais possible que dans une de ces catastrophes où les êtres humains ne sont plus que des corps : un naufrage, un cyclone, un tremblement de terre.

∴

Les prescriptions religieuses imposant la multiplication de l'espèce, la religion devrait être, par excellence, le grand ressort national — même aux yeux du gouvernement le plus foncièrement athée.

∴

Une guerre qui dure fait un reclassement dans nos amitiés.

∴

En général, ceux qui accomplissent des actes héroïques ne peuvent les accomplir que parce qu'ils les tiennent pour des actes naturels.

∴

Le verbe est tout-puissant. A la minute

même où il hésite entre deux actes, l'homme est décidé par un mot.

.·.

N'en déplaise à des pessimistes de chez nous, le frivole peuple français est peut-être mieux disposé à supporte une guerre très ongue que le tenace peuple allemand. Car il y a, dans l'entêtement teuton, une sombre violence qui peut brusquement se retourner en désespoir, tandis que la souriante pétulance française peut devenir, le cas échéant, une allègre résistance aux plus grands maux.

*

Quelle drôle de figure, à la fois hargneuse et déconfite, font certains de nos « Intellectuels » dont l'Allemagne s'était annexé, pendant la paix, le laborieux cerveau un peu simple, et qui se frottent les yeux sans vouloir tout à fait en démordre !

4.

En temps de guerre, certains mots futiles ou égoïstes perdent de leur sens immédiat : le bruit qu'ils font, quand on les prononce, a quelque chose d'imprévu, d'incertain ; et il faut presque un effort d'esprit pour leur restituer leur signification réelle, leur acception du temps de paix.

Un trait distinctif d'un régime de liberté, c'est que c'est celui sous lequel il faut interdire le plus de choses.

Dans les sports, l'Anglais cherche la joie physique, et le Français, l'ivresse de la bataille.

Certaines basses de Beethoven sont comme des battements de cœur.

Une des grandes qualités nationales du

Français, c'est qu'il commence à se plaindre du manque d'argent lorsqu'il en a encore.

∴

Ce qui prouve mieux que tout au monde la supériorité fervente du patriotisme sur les autres sentiments, c'est que la plupart de ceux qui trouvent naturel de mourir pour leur pays trouveraient absurde de mourir pour l'humanité et injuste de mourir pour leur famille.

∴

Depuis de longues années déjà, une des grosses erreurs de l'Allemagne fut de ne pas comprendre que l'Angleterre aimerait mieux partager l'empire du monde avec une nation désintéressée comme la France qu'avec une nation encore plus pratique qu'elle-même.

∴

Ce que les démocraties reprochent à la guerre, c'est peut-être moins de faire couler

le sang que de faire éclater aux yeux la nécessité des chefs.

.·.

Contre certains adversaires, la générosité
n'est excusable que dans le cas tout à fait rare
où elle devient de l'habileté.

.·.

De même qu'il faut parfois une circonstance
tragique pour que les membres d'une famille
arrivent à se mieux connaître, il faut une
guerre pour que les différentes classes d'une
nation parviennent à se pénétrer.

.·.

Parmi nous, certains s'indignent de ce que
les nations neutres n'aient pas désavoué l'Allemagne parjure et scélérate; mais eux-
mêmes, dans leur vie privée, estiment-ils
donc toujours les gens dont ils serrent la
main ?

.·.

La manie humanitaire, qui oppose éternellement l'un à l'autre le droit et la force, est d'une bien pauvre candeur. Il n'y a rien au monde qui ait plus besoin de la force que le droit, puisque c'est pour lui le seul moyen de ne pas être piétiné.

.·.

Le jeune réformé qui, en pleine guerre, continue à recueillir avidement tous ses petits bénéfices civils en bravant les critiques, déclare volontiers qu'il montre en cela du courage. Mais n'est-ce pas là un mot qu'il vaudrait mieux ne pas employer, quand le seul danger qu'on affronte est celui de gagner de l'argent?

.·.

C'est seulement dans les races latines qu'un homme du monde et un homme du peuple peuvent rire ou pleurer ensemble en restant chacun à sa place.

.·.

La guerre inspire mal un auteur dont le

talent habituel est fait d'une amusante faculté
de tout amoindrir.

∴

Ceux qui, naguère, éblouis par la puissance allemande, la comparaient à l'épanouissement romain, confondaient simplement la
force avec l'influence.

∴

Gardons au fond du cœur un mépris entêté
pour ces tristes Français qui furent deux fois
lâches : par leur pessimisme en temps de
guerre, par leur optimisme en temps de paix.

∴

La lourde et gauche accolade qu'échangent
avant l'assaut deux territoriaux sans beauté
les transporte à une hauteur de sentiment où
n'atteindra jamais le plus magnifique baiser
d'amour.

∴

Après cette guerre, comment trouver encore
de l'admiration et des larmes?

⁂

La Kultur allemande rappelle les gigantesques et hâtives bâtisses d'Exposition universelle...

⁂

A certains points de vue, les provinciaux se trompent sur les Parisiens, à peu près comme les étrangers se trompent sur les Français.

⁂

Tant qu'une guerre se prolonge, la famille du soldat mort en combattant s'imagine bravement l'avoir offert à la patrie. C'est à l'heure de la paix qu'elle commence à le perdre.

⁂

La plus jolie marque du courage, c'est précisément d'accepter des risques auxquels il pourrait logiquement se soustraire.

⁂

Le patriotisme qui raffine cherche déjà des excuses.

Le peuple allemand, quand on refuse son amitié, éprouve l'étonnement naïf du parvenu qui n'admet pas qu'on l'évite.

Lorsque Beethoven a certains élans de joie rude, on dirait un géant qui jongle avec des rochers.

Lorsque la guerre éclate, l'écrivain doit quitter sa tour d'ivoire et s'enfoncer dans la foule comme on perd pied dans la mer.

Dépensant dans les exercices du corps leurs facultés de lutte, les peuples les plus sportifs sont souvent les moins militaires.

Les qualités de l'Allemagne font d'elle une grande nation, mais qui n'a rien pour rayonner sur le monde. La grandeur allemande, c'est de la grandeur chez soi.

.·.

La beauté particulière des monuments de
Venise, c'est qu'ils ont vieilli uniquement sous
l'action du temps en échappant à celle de la
poussière.

.·.

Il est des gens aplatis d'avance devant la
force adverse et qui, dans leurs jugements
éperdus, vont jusqu'à regarder les succès de
leurs propres soldats comme un laissé pour
compte méprisant de l'ennemi:...

.·.

Certes, les gens qui n'ont jamais quitté leur
pays se trompent sur l'étranger; mais ceux
qui ont souvent fréquenté l'étranger finissent
— ce qui est pire — par se tromper sur leur
pays.

.·.

L'Allemagne a le grand tort d'appliquer le
« pas de l'oie » à la psychologie.

5

.*.

Certaines nations prennent dans la guerre
le sentiment de la dignité, comme certaines
femmes prennent dans l'amour le sentiment
de la pudeur.

.*.

Si paradoxal que cela paraisse, ceux qui
souhaitent le plus ardemment la fin d'une
guerre ne sont pas les combattants, ce sont
les embusqués. Car le Français s'accoutume
au péril plus facilement qu'au mépris.

.*.

En somme, la malfaisance foncière de
l'Allemagne — et qui fait d'elle une nation
qu'il faut réduire sans merci — c'est qu'elle
a trop de muscle pour son cerveau.

.*.

La première condition pour faire quelque
chose de grand, c'est l'idée fixe.

.*.

Certains, même en pleine guerre, laissent

filtrer leur vieille haine de l'armée en insi-
nuant, d'un faux air ingénu, qu'une bataille
est, en somme, le triomphe du courage civil.
Mais n'est-ce point avouer, malgré eux,
que le courage civil, dès qu'il y a du danger,
devient une forme du courage militaire?

⁂

Un des effets de la guerre, c'est, en rendant
la France à elle-même, de remettre toutes les
traditions à leur place. Ainsi, à la lueur des
batailles, l'art et la littérature de vérité pas-
sionnée, à l'allure classique, reprennent le
haut aspect d'un bel édifice; tandis que l'art
et la littérature d'impressionnisme photographique retournent humblement à l'aspect
d'une loge de concierge.

⁂

Tel internationaliste invétéré du temps de
paix est quelque peu maladroit dans son
nationalisme précipité du temps de guerre.

Mais l'opinion publique est bienveillante à ses erreurs comme à la gaucherie d'une jeune fille qui fait ses premiers pas dans le monde.

Les Allemands d'aujourd'hui sont des goujats mystiques.

La grande force du peuple anglais, c'est qu'il a le culte d'un certain nombre d'idées essentielles et, cependant, contradictoires.

Il se peut que les Français soient négligents, mais ils ont volontiers la négligence héroïque.

Le patriotisme des Anglais a une sorte de gravité violente.

Il est, dans Beethoven, des manques de transition qui ont la puissance d'un coup de foudre.

.*.

Si l'on va jusqu'au fond des choses, on
s'aperçoit que les pacifistes sont des matéria-
listes assez bas; car, en dépit de leur ver-
tueuse façade, ils pensent beaucoup moins à
la morale qu'au bien-être. Les vrais idéalistes
sont les belliqueux, car l'idéalisme consiste
avant tout à mépriser la souffrance.

.*.

Le Français a la plus précieuse des natures :
il est passionné à base de bon sens.

.*.

Durant une guerre, les gens qui ont man-
qué leur vie sont presque toujours pessimistes.
Quelle plus grande preuve d'attachement
pourraient-ils donner à leur patrie que de la
traiter comme eux-mêmes?

.*.

Une succession de grands événements fait
paraître court le temps qui passe et long le
temps passé.

..
.*.

Peut-être est-ce dans les gens du peuple que l'honneur national trouve sa plus sincère expression, car, chez eux, l'intérêt ne vient jamais le paralyser ou le salir.

.·.

En temps de guerre, il y a des gens qui raisonnent bien, mais qui résonnent mal.

.·.

Pour comprendre les Balkaniques, n'oublions pas ce point capital : c'est qu'aux nations qui viennent de s'affranchir il faut très longtemps pour acquérir le sens de l'initiative. On dirait qu'elles ont épuisé leur personnalité à se rendre libres.

.·.

Pendant une guerre, nul n'est plus ardemment patriote que les grands esprits : les gens dont le patriotisme est plus tempéré sont, en général, des esprits simples qui croient ainsi se hausser au raffinement.

.·.

La guerre éclate quelquefois, mais elle existe toujours.

.·.

Les gens qui n'ont pas su préparer une guerre n'ont pas le droit d'en déplorer la longueur. Car de deux choses l'une : ou bien ils espéraient être vaincus rapidement, et, dans ce cas, ils doivent avoir la pudeur du silence ; ou bien ils espèrent vaincre quand même, et, dans ce cas, ils doivent se juger trop heureux.

.·.

La clarté d'esprit et de langage et le goût de la proportion en littérature conduisent la France à la loyauté, comme l'antique perfidie de l'Allemagne est sœur de son entassement verbal et de son manque de composition littéraire.

∴

En temps de guerre, le pessimiste, qui est historien de son métier, est le pire de tous. Comme sa tâche habituelle consiste à revenir perpétuellement sur le passé, il s'acharne à remâcher les événements malheureux avec toute l'ardeur de sa pointilleuse cuistrerie.

∴

Lorsqu'elle est longue, une phrase allemande ressemble à un embarras de voitures où le verbe ne vient qu'à la fin rétablir la circulation.

∴

Chez un civil, l'état de guerre redouble l'attachement à son village aussi bien qu'à sa patrie. Car, sur ceux qui ne se battent pas, le fluide patriotique n'agit point partout de même, et la secousse, qui traverse la nation toute entière, ne fait vibrer pleinement chacun que dans son milieu.

*
* *

La grande supériorité de la lâcheté sur le courage, c'est que la lâcheté trouve toujours une explication...

*
* *

Les étrangers entendent volontiers par « esprit français » celui qu'ils sont capables de comprendre, quand ils viennent en France, c'est-à-dire exactement le contraire.

*
* *

L'homme énergique attire la poussière humaine comme l'aimant attire la limaille.

*
* *

Dans Beethoven, certains accords semblent arrachés — comme des lambeaux de chair.

*
* *

Il est fort possible que cette guerre même fournisse très peu d'aliment à la littérature, et que tout l'intérêt des âmes actuelles, au point de vue de l'analyse littéraire, réside

6.

précisément dans leur rechute à l'état de
paix.

.·.

Quand il s'agit des grands intérêts nationaux, il arrive souvent que la pire façon
d'avoir tort, ce soit de mal choisir son moment
pour avoir raison.

.·.

Qui sait si, de cette guerre gigantesque, ne
sortira pas, pour la France, l'égalité vraie,
qui n'est pas celle des destinées, mais celle
des cœurs?

.·.

Hormis ceux d'entre eux qui ont l'âge de
porter les armes et que l'on doit saluer, puisque
le feu les épure, certains internationalistes,
ralliés par la guerre à l'idée de patrie sans
avoir eu le temps de se décrasser l'âme, n'en
deviennent que plus dangereux. Et de même
que certains malfaiteurs sont interdits de

séjour, ces gens-là devraient être interdits de
patriotisme.

∴

Si justement et si profondément qu'on
admire le prestigieux Wagner, ne peut-on
regretter qu'entre tous ses dons magiques, il
n'ait pas celui d'exprimer le maximum de
sentiment avec le minimum de terre glaise
musicale?

∴

L'optimiste, en temps de guerre, ne nie
point un échec : il le constate, et rebondit.

∴

L'expressive mimique italienne est un
écran posé sur la plus froide et la plus lucide
réflexion qui soit au monde.

∴

La tare indélébile des majorités républi-
caines, c'est qu'elles gardent irrémédiablement des mœurs de minorités.

Quand certains antimilitaristes font grâce à l'armée, c'est généralement à l'armée ennemie.

Combien de femmes, dont le mari est mort bravement dans la bataille, n'eussent jamais trouvé, en temps de paix, l'occasion d'être fières de lui ! Aussi, malgré les raisonnements trop simples, leur fierté, loin d'aviver leur deuil, viendra-t-elle, presque toujours, en déduction de leur chagrin.

De tous les changements de régime, l'orateur politique n'en redoute vraiment qu'un seul : celui qui l'empêcherait de parler.

La vérité est un fusil chargé qu'il ne faut pas mettre dans toutes les mains.

Lorsqu'il est bien écrit, le français a la

chaude limpidité d'un vin pur : c'est une langue qui ne dépose pas.

⁂

Les Français visent à l'égalité par le bas ; les Anglais visent à l'égalité par le haut. Ceux-ci ont raison ; et mieux vaut snobisme qu'envie.

⁂

« Pensons-y toujours, et n'en parlons jamais » : précepte excellent, mais pour les muets.

⁂

Il ne faudrait pas croire, sur quelques apparences, que certains Allemands contemporains aiment la France : ils se laissent séduire par elle en la détestant...

⁂

Dans quelques morceaux de Beethoven, la conclusion arrêtée net fait penser au dernier coup de hache qui abat un chêne.

∴

Le maximum d'impérialisme de la Prusse, ç'a été l'Allemagne.

∴

L'optimiste qui s'exalte sur un succès peut quelquefois faire sourire; mais le pessimiste qui se désole victorieusement sur un échec donne des nausées.

∴

Comment le Français, généralement si fin dans ce qu'il dit, peut-il être parfois si jobard dans ce qu'il répète?

∴

De la part d'un homme politique, la pire maladresse, c'est une habileté que le pays ne comprend pas.

∴

En dehors de l'indispensable divulgation faite à ceux qui sont les acteurs mêmes du grand drame, communiquer des secrets de guerre à tels ou tels en alléguant qu'ils sont

incapables de trahir, est vraiment trop ingénu.
Depuis quand est-on trahi par ceux qu'on en
croit capables?

.·.

Le pessimiste le plus dangereux de tous,
parce qu'il se déguise en homme énergique,
est celui qui souhaite, coûte que coûte, une
grande offensive immédiate, aboutissant au
besoin à une défaite flatteuse et surtout rapide,
après laquelle chacun reprendra ses petites
affaires du temps de paix.

.·.

Tout homme politique, dont les votes en
temps de paix ont prouvé l'inaptitude à prévoir et à préparer une guerre, ne devrait pas
avoir le droit d'exprimer une opinion, dès
que la guerre a éclaté.

.·.

C'est la géographie qui fait l'histoire.

.·.

Les défauts des Allemands sont intolérables

— mais pas beaucoup plus que leurs qualités.

∴

Quand des gouvernants ont du caractère, on trouve toujours qu'il est mauvais.

∴

On peut trouver aussi en France des hommes qui ont fait violence à des femmes, tué des enfants et des vieillards, ou volé avec effraction : seulement, chez nous, ils sont au bagne.

∴

Au pouvoir, un radical est souvent moins dangereux qu'un modéré, car il veut montrer qu'il peut être sage, tandis que le modéré tient à prouver qu'il peut être audacieux.

∴

L'erreur fondamentale des pacifistes est de ne pas comprendre que, passé un certain degré de haine, la guerre la plus sanglante devient un soulagement.

∴

Les étrangers, qui croient volontiers à l'indiscipline du soldat français, font une erreur grossière. Notre soldat est aussi discipliné que les leurs, mais il est discipliné en comprenant.

.·.

La musique de Beethoven est d'une psychologie à la fois profonde et cassante.

.·.

Pour certains hommes du peuple mobilisés, la guerre — en dépit des risques tragiques — signifie l'obéissance à des chefs moins égoïstes que les patrons et l'élargissement merveilleux de leur pauvre horizon quotidien.

.·.

Grande redresseuse de caractères, cette guerre aura donné de l'ardeur à ceux qui étaient trop patients; et, à ceux qui étaient trop ardents, elle aura donné de la patience.

.·.

Les fournisseurs véreux qui s'enrichissent aux dépens de la patrie, à l'heure où d'autres meurent pour elle, sont les sangsues de la guerre. Et les sangsues, on les fait dégorger!

∴

En pleine guerre, nous sommes moins choqués par une pièce de théâtre cinématographiée et, par conséquent, réduite aux faits, que par une pièce jouée avec son dialogue; car il nous paraît admissible que tout le monde ne fasse pas la guerre, mais il nous semble intolérable que tout le monde n'en parle pas.

∴

Ceux d'entre nous qui, dans cette guerre, font trêve à leur haine et à leur dégoût de l'Allemagne en face d'un détail isolé de courtoisie militaire allemande, sont bien les mêmes qui, en temps de paix, oubliaient toutes les goujateries teutonnes devant quelque cajolerie impériale à l'usage des enterrements.

∴

Il ne faut pas s'étonner si, dans un pays

belligérant, les populations qui déplorent le
plus aigrement la longueur des hostilités sont
presque toujours les plus éloignées du front
de bataille. Sous une apparence paradoxale,
il est d'une psychologie profonde que ceux
qui supportent le plus difficilement la guerre
ne soient pas ceux qui en souffrent le plus,
mais ceux qui la comprennent le moins.

⁎⁎

En France, quand le ridicule ne tue pas,
comme il conserve!

⁎⁎

Il semble que tout Français allant en Belgique après cette guerre y devra marcher
chapeau bas.

⁎⁎

Le jour où l'on pourra faire comprendre à
la foule qui trouve malaisément ses mots
qu'un homme doué d'une grande facilité de
parole peut être un imbécile, le suffrage uni-

versel aura perdu beaucoup de sa malfaisance.

.·.

A côté des ruines momentanées qu'elle
entasse, la guerre porte en elle une des plus
grandes sources d'enrichissement durable
pour un peuple : elle le force à discerner que,
pour des produits nombreux, il peut se passer
de l'adversaire et se suffire à lui-même.

.·.

Ce qu'on peut dire de plus décisif sur la
vertu purifiante et tonique de la guerre, c'est
qu'elle seule aura pu triompher de la politique et de l'alcool...

.·.

La pensée constante de la guerre nous
étreint et nous absorbe à tel point qu'à la vue
de tous les gens en deuil la vision de la mort
dans les combats s'impose à nous, exclusive ;
et nous ne songeons même pas qu'à cette
heure il y a encore trente-cinq millions de

Français qui continuent à mourir humblement dans leur lit.

∴

Certains penseurs allemands ont un déter-
minisme de tireuse de cartes.

∴

Les Allemands sont un peuple militaire;
les Français sont un peuple guerrier.

∴

Quand les Italiens manquent de tact, c'est
par passion; les Allemands, c'est par épais-
seur.

∴

L'éternel malentendu entre les Français et
les étrangers, c'est qu'en France la blague
n'empêche pas le respect.

∴

Aller entendre une symphonie de Beethoven, c'est courir à un rendez-vous d'amour.

∴

Les difficultés que nous avons avec certains

neutres ressemblent à des ennuis de bonnes.

.·.

Il est noblement significatif qu'un général en chef, de qui peut dépendre le salut du pays, ait une solde relativement modeste. Cela met bien l'argent à sa pauvre place.

.·.

À ceux qui sont morts pour la patrie, nous ne donnerons jamais assez de larmes; mais n'est-il point permis de dire que, si cette guerre pouvait réduire l'alcoolisme en France, elle sauverait encore plus d'hommes chez nous qu'elle n'en aurait détruit?

.·.

Certains politiciens sont méthodiques dans leurs variations : ils ont une boussole à leur girouette.

.·.

Devant la belle tenue morale de la France en armes, des braves esprits un peu simples se

sont trop hâtés de dire que notre littérature
d'avant la guerre avait dépeint les Français
sous les plus injustes couleurs. Les défauts
d'hier étaient aussi réels que les qualités d'aujourd'hui, et c'est précisément tout cela qui
fait la France

*
**

Il est juste, il est beau — il est divin —
que les ennemis du catholicisme lui reprochent
principalement ce qui fait sa plus haute
parure et son plus tendre bienfait : le célibat
des prêtres et la confession.

*
**

Le bon sens doit nous servir à former notre
opinion, et la passion, à la formuler.

*
**

Pour la France, demander de la gratitude
à de petites nations qu'elle a obligées serait
aussi inélégant que de réclamer de la monnaie
à un pauvre.

Les Français sont peut-être le seul peuple d'une intelligence assez finement idéaliste pour que, dans un endroit public où un officier et un soldat sont placés côte à côte, ce dernier puisse dépenser plus que son supérieur sans que la discipline en soit atteinte.

Le danger des « représentants du peuple », c'est qu'ils se bornent trop souvent à le représenter dans ses défauts...

En temps de guerre, les hommes qui n'ont plus l'âge de porter les armes ont, pour le soldat qui passe, le même regard de confiance tendre qu'ont les femmes pour l'homme qui leur donne le bras.

Peu importe qu'on augmente ou non le sou de ceux qui combattent pour la patrie : il y a des services qu'on ne reconnaît pas, la main à la poche, mais les larmes aux yeux.

.˙.

La rudesse du soldat s'inspire du plus haut idéal, tandis que la rudesse de l'homme d'affaires résume simplement le mépris des scrupules et la haine de la pauvreté.

.˙.

Il y a un ton de légèreté boulevardière qui, agréable durant la paix, est sans grâce pendant la guerre : ce qui était mousse devient écume.

.˙.

Dans la politique internationale, au milieu des grands peuples mâles, certains neutres sont des demoiselles à marier.

.˙.

Le fluide logique de la langue française est si intense que, là où une autre langue se contente d'exposer, le français démontre.

6

.·.

Lorsqu'on n'élit pas le plus bête, il semble que ce ne soit plus tout à fait la démocratie.

.·.

Si trop de politiciens ont si peu le sentiment de la dignité nationale, c'est que, dans les perpétuelles concessions de la politique, ils ont d'abord perdu le sentiment de la dignité personnelle.

.·.

Quand défile un régiment, il y a des gens qui, pour se découvrir devant l'étendard, font un petit geste mou, d'une politesse vague. Ce geste est laid. On ne doit pas saluer le drapeau comme un enterrement.

.·.

Les œuvres belliqueuses de pure imagination, écrites en pleine guerre, pendant que des Français tombent sous les balles, ont quelque chose de gênant. Pour « adapter » la mort, il faut attendre au moins l'époque du demi-deuil.

.•.

Regardez la figure des petits souverains d'Allemagne, rois de Bavière, de Wurtemberg ou de Saxe : ils ont tous l'air de seconds violons...

.•.

Lorsqu'on a toujours été un Français loyal du temps de paix, se gargariser, en temps de guerre, avec la prose chauvine d'un antimilitariste converti par nécessité, est d'un assez vilain snobisme : c'est aider un torchon à s'improviser drapeau.

.•.

C'est peut-être dans la religion catholique que la science du cœur humain a trouvé sa plus pénétrante expression.

.•.

En temps de guerre, il y a des gens qui

n'appellent « vérité » que ce qui donne raison
à leurs inquiétudes.

∴

Ne nous étonnons de rien, quand Constanti-
nople est en jeu : la conquête des pays à
auréole historique peut pousser les plus sub-
tils cerveaux aux plus lourdes sottises.

∴

Dans leurs moindres actes, les Allemands
ont l'air d'être à l'exercice. Jusqu'à l'usage
du cure-dents qui, chez eux, semble une prise
d'armes.

∴

Si, mieux éclairées par la guerre, la classe
d'en haut, que les politiciens démagogues
oppriment, et la classe d'en bas, qu'ils ber-
nent, avaient de la décision, elles se rappro-
cheraient l'une de l'autre ·— à la façon des
deux branches d'une pince qui se rapprochent
pour écraser.

.˙.

Les civils qui prêchent impétueusement l'offensive font penser à ces chevaux qui ne piaffent qu'à l'écurie...

.˙.

La vraie utilité de la diplomatie, ce n'est pas d'empêcher les guerres, c'est de les préparer.

.˙.

L'empire qu'on a sur soi-même étant le plus méritoire et le plus difficile de tous, la démocratie est, à la fois, le plus idéal et le plus dangereux des régimes.

.˙.

Un des plus grands défauts des Allemands dans l'ordre intellectuel, c'est qu'ils simplifient dans l'analyse et compliquent dans la synthèse.

.˙.

Il y a des neutres figés qui donnent l'impression d'attendre leur maître : ils sont les valets de pied de la victoire.

Au point de vue moral, tel internationaliste français, surpris par la guerre, ressemble aux Allemands bloqués en France par l'ouverture des hostilités : eux deviennent prisonniers, lui devient patriote.

Après une telle guerre, les conditions de paix ne laisseront au vaincu que juste assez de ressources pour que sa fréquentation puisse encore profiter au vainqueur.

Quand la France est en guerre, ses gens du peuple deviennent une des plus hautes aristocraties du monde.

Le mot « honorable » a deux sens : le sens parlementaire et le sens français.

.*.

Ceux qui prétendent que le patriotisme doit être discret font preuve, en ce jugement, de la plus périlleuse naïveté. La discrétion, pour trente-neuf millions de personnes, c'est le renoncement.

.*.

En politique, la foule est incapable de discerner celui qui mérite d'être le chef, mais, quand elle le connaît, elle juge tout naturel de fixer son choix sur lui. Un parlement, au contraire, a vite fait de le découvrir, mais — sauf exception — c'est pour mieux l'écarter.

.*.

C'est chez de vieux célibataires que le patriotisme prend sa forme la plus touchante : car, chez eux, l'amour de la patrie a remplacé toutes les amours...

.*.

Au théâtre, en temps de guerre, ce qu'on

applaudit chez les danseuses, c'est assurément leur grâce, mais c'est aussi leur silence.

∴

Si le haut pessimiste moral est si souvent un solide optimiste pratique, c'est que la même faculté de l'esprit lui inspire, dans le premier cas, le mépris des personnes, et, dans le second, le mépris des obstacles.

∴

Lorsqu'on a éprouvé quelle pauvre farce est presque toujours la « liberté politique », on souhaite ardemment de vivre en un pays moins libre et mieux tenu.

∴

Après la guerre, il faudra conserver avec soin notre amabilité française — et la placer un peu mieux, ce qui lui donnera enfin du prix.

∴

Ce qui donne peut-être le mieux l'impression d'un « homme », dans la plus forte acception du mot, c'est un plébéien qui a du tact.

.•.

La France n'a pas toujours assez réfléchi avant d'aider à l'affranchissement des peuples opprimés. Car il n'en manque pas qui méritaient leur servitude.

.•.

Un des effets les plus imprévus de cette guerre aura été d'apprendre aux riches de combien de choses ils peuvent se passer.

.•.

Par ce temps de communications rapides, d'informations et de publicité, le diplomate profond n'est souvent qu'un maladroit tortueux.

.•.

Durant une guerre, il y a des amis que notre cœur continue de chérir, mais que notre âme écarte d'elle.

. •.

Tel roitelet, récemment reconnu par l'Europe, rappelle ces parvenus pour qui la grosse difficulté n'est pas d'être reçu dans le monde, mais de savoir s'y tenir.

. •.

Tel paysan, dans sa lenteur digne, semble garder sur lui le reflet souverain de la nature — qui n'est jamais pressée.

. •.

En cette guerre, l'Allemage a dépensé follement la seule richesse qui ne se refasse pas vite : les hommes.

. •.

Quand l'Allemagne sera vaincue, elle n'aura même pas cette beauté suprême de s'écrouler : elle se dégonflera.

. •.

Avec les peuples qui n'atteignent pas encore à la dignité nationale, un projet d'alliance est une niaiserie : on les paie ou on les rosse, on ne les épouse pas.

.˙.

Certains gouvernants excellent à échapper aux dangers parlementaires — mais c'est par l'escalier de service.

.˙.

Le fait qu'un peuple opprimé devienne quelquefois pire que le peuple oppresseur est, contre ce dernier, une note d'infamie de plus.

.˙.

L'invincible supériorité de la France, c'est qu'aucune nation n'a fait de grandes choses avec autant de grâce.

.˙.

Dans les conversations diplomatiques avec certains peuples, la France est souvent dupée, parce qu'il y a un degré de mépris de l'interlocuteur où sa séculaire courtoisie l'empêche d'atteindre.

Le défaut de psychologie des Allemands apparaît bien dans ce petit fait que le premier mouvement de tout prisonnier teuton est d'exprimer son étonnement de quelque chose.

∴

Qu'il s'agisse des peuples ou des individus, les faibles expliquent leur volte-face, et les forts les imposent.

∴

La fidélité en amitié est une des meilleures qualités des Anglais ; mais elle est, à la fois, naïve et périlleuse, quand elle retarde leur rupture avec un coquin.

∴

Dans la conduite de la guerre, la faiblesse de la Quadruple-Entente est due justement à ce qui fait l'admiration de nos bons libéraux, c'est-à-dire à l'égalité dans l'initiative. En somme, c'est le système démocratique, avec toutes ses tares, appliqué à une confrérie de nations. A ces peuples unis il manque un peuple-chef.

∴

Entre le pays qu'ils représentent et le pays où ils sont accrédités, certains diplomates ne sont guère qu'un téléphone qui fonctionne mal.

∴

Certains vieux mots français, à la fois majestueux et paternes, restent des mots monarchiques.

∴

Dans la politique internationale, il est absurde qu'une grande et antique nation se mette de plain-pied avec une nation toute neuve, récemment émergée de la servitude. Certains de ces peuples mériteraient qu'on leur appliquât la loi romaine qui, d'un esclave délivré, ne faisait point un homme libre, mais un simple affranchi.

7

.·.

L'honnêteté est de tous les pays, mais l'indélicatesse prend parfois des formes nationales...

.·.

En diplomatie, les nations dites libérales ont cette vieille manie ingénue d'employer avec leurs adversaires les mêmes procédés qu'avec leurs amis...

.·.

Le peuple français est peut-être le plus équilibré du monde, mais son équilibre est souvent fait d'exagérations contradictoires.

.·.

L'Allemagne s'entend bien mieux que nous à se concilier tel petit peuple à peine débarbouillé de l'esclavage : car elle traite avec lui de bassesse à bassesse.

.·.

Entre vingt personnes de pays différents,

ce qui révélera le plus sûrement un Français,
c'est la légèreté de son rire.

.:.

Pour qui représente le Droit, quelle supériorité dans le but ! — et quelle infériorité
dans les moyens !

.:.

Combien irritants sont ceux qui, pendant
une guerre, se déclarent mécontents du
poste où il sont placés et ne rêvent qu'aux
services qu'ils rendraient certainement
ailleurs : chétifs individualistes infatués
qui, dans cette gigantesque mosaïque nationale, voudraient choisir à leur gré la place
de leur humble caillou.

.:.

Racine est l'auteur dramatique français
le plus impénétrable aux étrangers en général et aux Allemands en particulier.

.:.

Par leur façon de méconnaître l'armée,

certains « intellectuels » sont des culottes de peau civiles...

.**.

L'erreur des Allemands fut toujours de croire que, dans les relations de peuple à peuple, il n'y ait à opter qu'entre la menace ou le sourire : ils oublient la politesse, et qu'elle peut être glaciale...

.**.

Les gens qui savent très bien l'histoire ont souvent un grave défaut : ils excellent à transformer leur science du passé en erreurs sur le présent.

.**.

Les Français sont enclins à traiter de paresseux un ministre qui ne s'enterre pas dans des besognes de bureaucrate. Peuple brimé par des fonctionnaires, des employés et des scribes, ils mesurent le travail à la quantité du papier noirci. C'est une erreur

d'école primaire. Bien secondé par ses services, un véritable homme d'État peut gouverner en causant.

*
* *

En France, parmi les hommes politiques,
combien de républicains d'opinion sont deve-
nus des républicains de métier !

*
* *

Il ne suffira pas d'abattre l'Allemagne, il
faudra la désosser.

*
* *

En temps de guerre, il faut rebuter dure-
ment ces civils plaintifs qui vont quêtant du
réconfort : car ils n'implorent des encourage-
ments que pour avoir un prétexte à gémir
une fois de plus.

*
* *

La plus romanesque des Anglaises senti-
mentales que compte la noble Grande-Bre-
tagne, c'est quelquefois sa politique extérieure.

Certains effets de l'énergie ont la beauté
d'une œuvre d'art.

Bella matribus detestata...

O mères douloureuses, puisque vous détes-
tez les guerres, commencez donc par enfanter
des êtres meilleurs.

En politique internationale, avec ceux qui
jouent au plus fin, il faut jouer au plus fort.

En général, l'Angleterre n'a pas le premier
mouvement, mais elle a le dernier mot.

Un homme d'État qui se retire du pouvoir,
parce qu'il désapprouve une mesure que sa
politique a cependant rendue nécessaire, n'a
pas droit à la sympathie publique : c'est
Ponce-Pilate avec la responsabilité du passé
en plus.

L'idée qu'un mutilé de la guerre, décoré
de la Légion d'honneur, soit employé à ouvrir
la porte d'une boutique, ne laisse pas de nous
choquer. Nous avons tort; et ce qui nous
fausse l'esprit sur ce point, c'est notre morne
habitude républicaine de faire l'égalité par le
bas. Car ce n'est pas le portier qui rabaisse la
Légion d'honneur, mais la Légion d'honneur
qui rehausse le portier.

Dans les Balkans, la Quadruple-Entente a
fait une politique de mari trompé.

Parmi les heureux effets de la guerre, saluons
celui-ci : elle restitue à beaucoup de gens
l'usage de la volonté.

Certain idéalisme français a une fâcheuse
tendance à croire que la grandeur d'un peuple

est faite d'un mélange de maladresse pacifique
et d'héroïsme guerrier.

∴

Tout au contraire de l'Allemagne, une des
forces du peuple anglais, c'est que, les qualités
qu'il n'a pas, il ne croit pas les avoir.

∴

L' « union sacrée » — dont certains se font
une enseigne et certains, un alibi — ne saurait
exister pleinement parmi les civils, car la
guerre a laissé subsister entre eux la plus
essentielle des différences qui puissent séparer
des hommes : la différence dans la valeur
morale. La seule union sacrée, c'est l'union de
ceux qui combattent; car leurs âmes à eux
ont toutes passé sous la même toise : le risque
de la mort.

∴

Une des plus hautes qualités de la nation
britannique, c'est de ne pas se laisser détour-

ner d'une grande pensée par un ridicule
accessoire.

.·.

Rome, l'Angleterre, la France ont pu régner
sur le monde, parce que leur action s'exer-
çait sur les peuples sans toucher aux individus. L'Allemagne, au contraire, dans son
expansion extérieure, empaume despotique-
ment de simples particuliers, mais n'a aucune
prise sur les peuples mêmes. Et c'est exactement l'opposé de l'impérialisme.

.·.

Tel célibataire, à qui échappait le sentiment paternel, l'aura compris pour la première fois à la vue d'un soldat rude portant
son enfant qui dort dans ses bras qui ont tué.

.·.

Les Allemands, qui jugent volontiers que
le Français manque de tenue, ont raison en ce
sens que, s'ils se tenaient de la même manière,

7.

leur attitude à eux serait d'une disgrâce intolérable.

.·.

Entre certains politiciens, le déshonneur
est comme un lien de famille.

.·.

Il n'y a guère que les Français qui aient su
aimer les peuples qu'ils avaient vaincus.

.·.

Après de longs mois de guerre, la Quadruple-Entente ne pourrait-elle parler un peu
moins de la Liberté, du Droit et de la Justice ?
Elle ressemble à ces dramaturges qui, en
pleines péripéties, placent encore une scène
d'exposition...

.·.

En politique, ce qui semble à l'intelligence
logique du Français la plus compliquée des
énigmes est, pour la subtilité ardente de l'Italien, la simplicité même.

∴

Dans la vilaine famille des mécontents, le plus haïssable de tous est le mécontent officier, parce qu'au lieu d'évoquer, comme dans les autres professions, sa propre défaite, il évoque celle de son pays.

∴

« Ne récriminons pas sur les erreurs du passé! » Voilà qui est bientôt dit — par ceux qui les ont commises.

∴

Parmi les Français qui se sont éteints depuis le début de cette guerre, il en est plus d'un qui a dû mourir de remords.

∴

Durant une guerre, les neutres étant surtout des fournisseurs, il est inutile et même maladroit pour un belligérant de protester sans cesse auprès d'eux de sa bienveillance à

leur égard. C'est le meilleur moyen d'être
mal servi.

∴

Le vrai Français n'a peur de rien — que
des mots.

∴

Pour observer le cours d'une guerre, les
gens du peuple ont moins d'éléments d'appréciation que les gens du monde et, par
conséquent, ils commettent moins d'erreurs...

∴

Combien répugnants sont ces Français
qui, subjugués en pleine paix par l'influence
allemande, puis à moitié libérés par les victoires françaises, sont repris d'un sursaut
d'admiration tremblante au moindre signe
de force que donne encore l'Allemagne !

∴

Un des attraits nationaux des Anglais —
qui manque, hélas ! à plus d'un très grand
peuple — c'est qu'ils ne sont pas envieux.

.·.

Le dévouement des femmes laïques au chevet des blessés, bien loin de ravaler — comme l'espéraient quelques fins anticléricaux — celui des religieuses, l'a splendidement mis en relief : car, ce don d'elles-mêmes que les laïques ne font que pendant une guerre, les religieuses le font pendant toute leur vie.

.·.

Soyons indulgents aux doutes blasphématoires que la perte d'un être cher, mort en combattant, peut exciter chez certains contre la patrie. Si la colère est une courte démence, n'est-ce pas, à plus forte raison, le pauvre droit de la douleur?...

.·.

En général, rien n'atteste mieux le manque de personnalité des critiques littéraires ou historiques allemands que ces ouvrages amorphes où le texte de l'auteur se faufile timidement sous l'amas impérieux des notes justificatives. Pour ces gens-là, les documents, c'est leurs certificats de domestiques.

.˙.

La politique a ses bêtes puantes : il ne suffit pas de les combattre, il faut les débusquer.

.˙.

Les libéraux se croient les soutiens de la liberté ; ils n'en sont généralement que les victimes.

.˙.

Les gens très braves perdent facilement leur assurance quand il n'y a pas de danger.

.˙.

Pour un peuple, une civilisation trop rapide est comme un habit somptueux endossé à même la peau.

.˙.

Il en est des régimes comme des personnes : il y en a qui vivent longtemps paralysés.

⁘

Dans certains cas, un peuple a le droit d'être
neutre — comme un homme a le droit d'être
bas.

⁘

Témoignage incisif de la vulgarité d'une
race, il y a peu d'Allemands, parmi les
plus haut placés, dont on ne puisse, en imagination, adapter le visage à la condition la plus
grossière.

⁘

Dans ses intrigues, la faiblesse de l'Allemagne, c'est de manquer de laisser-aller,
d'avoir l'œil trop avide et le regard trop dur.

⁘

Un homme d'État gouverne avec son caractère bien plus qu'avec ses opinions.

⁘

Les Allemands ont l'état d'esprit sommaire
des spéculateurs ou des joueurs : l'état d'esprit
des « gros coups ».

On reconnaît le bon officier, non pas à la façon dont il proclame le mérite de ses infé-rieurs — car c'est se louer soi-même — mais à la façon dont il avoue le mérite de ses supérieurs.

Parmi les nations, l'Allemagne devait réaliser un genre de grandeur inconnue jusqu'ici : la grandeur vile.

Lorsque éclate une guerre, les internationalistes, contraints brusquement à l'idée de patrie, sont pareils aux chiens qu'on jette en pleine eau pour un bain forcé qui les effare : ce sont souvent ceux qui nagent le mieux. Le plus grand nombre, parce qu'ils retrouvent du coup l'instinct profond de l'espèce, et quelques-uns parce qu'ils craignent la râclée qui les accueillerait sur la rive,

*
* *

Plus les hommes avancent dans la civilisation, plus ils sont capables de comprendre et
d'admettre les injustices salutaires. L'aveugle
besoin de justice est essentiellement le fait de
l'enfant.

*
* *

La dévotion des Italiens est avant tout fami-
lière. Peuple de plein air et de forum, quand
ils entrent dans une église, on croirait toujours qu'ils viennent de croiser un saint dans
la rue.

*
* *

L'appauvrissement des classes aisées, qui
résultera d'une telle guerre, aura cette consé-
quence heureuse de pousser les gens mariés à
la procréation d'enfants nombreux. Car, plus
la richesse diminue, plus les plaisirs immédiats
de la famille remplacent les distractions arti-
ficielles du dehors.

**

Les mille reproductions photographiques des ruines entassées par la fureur de destruction ennemie finissent par donner de la guerre une image moins terrible que laide et par laisser cette impression bâtarde que la paix sera simplement une vaste réparation locative.

**

Au théâtre, en temps de guerre, les civils acceptent plus facilement le ton de la grosse farce que le ton de la plaisanterie : on dirait qu'ils consentent à rire comme des enfants, mais non comme des hommes.

**

Les Présidents de la République ne doivent pas être — comme ils le disent tous avec une humilité commode — les serviteurs de la Constitution : ils doivent en être les interprètes.

**

Les pacifistes français qui essaient de justifier leurs théories en déclarant que la France fut toujours l'apôtre du droit contre la force se trompent lourdement. La France, en effet, a souvent défendu le droit, mais les armes à la main. Et il est permis de se demander si, à ces heures-là, le sentiment qui dominait en elle n'était pas précisément l'allégresse de la bataille.

.*.

Les Anglais unissent assez souvent le comique de la personne à la distinction de la race.

.*.

Le véritable chef n'est pas celui qui châtie, c'est celui qui inspire la crainte du châtiment.

.*.

Quelle saveur dans le spectacle de ce bureaucrate ou de cet employé modèle — casanier, timide, épris de calme — que la mobilisation foudroyante a arraché à son ronron, et qui,

en se battant, découvre soudain sa vraie
nature cachée, toute de mouvement, d'aven-
ture et de plein air!

.*.

En temps de guerre, ce qui rend pernicieux
le pessimiste du genre pleutre, ce n'est pas
tant sa chancelante attitude personnelle que
sa lâche ardeur à souligner chez les autres
les moindres signes de découragement qui
peuvent légitimer sa pleutrerie.

.*.

Souvent, le soldat et l'officier sulbalterne
ont, de l'ensemble d'une opération, une idée
moins exacte que le civil; car celui-ci en juge
sur un aperçu général, et ceux-là ont une
tendance arbitraire à considérer tout le front
comme un agrandissement photographique
de ce qui s'est passé dans leur petit coin.

.*.

Ce qui est immoral dans la spéculation qui

réussit, c'est assurément la rafle d'argent qu'elle entraîne, mais c'est surtout le peu d'intelligence qu'elle suppose habituellement chez le spéculateur, eu égard au bénéfice ramassé.

**

Déjà irritant pendant la paix, comme il devient odieux, en temps de guerre, l'infime scepticisme ricaneur des imbéciles et des valets!

**

Puisque l'ingratitude est si fréquente chez les individus, il est sans excuse d'être surpris, quand on la rencontre chez les peuples.

**

Au cours d'une guerre, celui qui se montre un continuel pessimiste de détail, tout en se déclarant optimiste d'ensemble, rappelle ce commerçant falot qui, perdant sur chaque objet vendu, prétendait gagner sur le total.

Les démocraties s'enorgueillissent d'être fondées sur la valeur personnelle : malheureusement, chacun y est maître de fixer la valeur qu'il a.

Contrairement à l'opinion de quelques magnanimes jocrisses de chez nous — qui prennent leur manque d'idées générales pour le sentiment des nuances — les Allemands participent tous à l'ignominie de l'Allemagne pendant la guerre, puisqu'ils ont tous participé à son prestige pendant la paix.

La finesse allemande est comme certains plafonds : on en voit les poutres.

Shakespeare est souvent la foudre et Schiller est souvent la pluie.

Celui qui a été au-dessous de sa tâche aime à déclarer que tels ou tels n'eussent pas été plus forts que lui. Mais en quoi son insuffisance en est-elle diminuée?

Pendant une guerre, un pays doit admirer en bloc toutes les gloires de son passé — en ayant soin, pour quelques-unes, de ne pas trop regarder ce qu'il y a dedans...

En temps de guerre, celui qui a passé l'âge de porter les armes sans être cependant un vieillard devient volontiers violent et querelleur. Il semble que les restes de son ardeur combative, inemployés au service de son pays, trouvent là comme une compensation.

Toute la bassesse de la politique tient dans ce fait que, la plupart du temps, l'on ne peut servir son pays qu'en trahissant son parti.

* *

Beaucoup de Français sont faits pour être républicains sous une forte monarchie.

* *

La grâce anglaise garde toujours un peu de brusquerie.

* *

En pleine guerre, pour ceux qui ont perdu un des leurs au combat, celui qui regarde en avant est un trop dur consolateur.

* *

Le soldat qui dit constamment « je » est presque toujours un mauvais soldat.

* *

S'il est vrai, comme le prétendent de savants aliénistes à propos de l'Allemagne, qu'une nation puisse être atteinte de folie collective, n'oublions pas que, pour un peuple, la seule forme possible de la maison de santé, ce serait la servitude.

*
* *

Pendant une guerre, la plus solide amitié vient à s'affaiblir, si le sentiment national des deux amis n'est pas du même voltage.

*
* *

Au bout de longs mois de guerre, combien de femmes, isolées d'un mari qui se bat et retournées chez leurs parents, sont peu à peu redevenues de leur première famille!

*
* *

Les Allemands ,sont, par excellence, un peuple solitaire. Ils ont beau s'infiltrer et se répandre chez toutes les nations du globe : partout ils sont seuls.

*
* *

En guerre, un chef militaire qui parle bien ne met pas plus d'ornements dans ses discours qu'il n'étale de galons sur ses manches.

8

*
* *

S'il arrive que certain officier, excellent dans sa tâche professionnelle et inspirant toute confiance à ses hommes, soit moins apprécié des civils, c'est qu'avec ces derniers il perd quelquefois l'essence même de sa valeur en voulant monter plus haut que son grade.

*
* *

Un pays qui parvient à prouver à l'univers que la lettre d'un traité d'alliance lui donne, en certains cas, le droit de laisser anéantir son allié, fait penser à l'accusé circonspect qui, en se glissant entre les lignes du Code, obtient un de ces acquittements dont on ne se relève pas.

*
* *

A l'encontre d'une opinion trop facile, le bien que peut faire la bravoure d'un soldat n'est rien à côté du mal que peut faire son mauvais esprit.

★
★ ★

La séduction est une des qualités et même
une des forces de la France. Néanmoins,
sachons nous borner. Il y a des Français dont
le désir de plaire rappelle un peu trop celui
des filles...

★
★ ★

Il est une Internationale qui survit même à
la guerre : l'Internationale des cuistres.

★
★ ★

En dix-huit mois de guerre, avec toutes
ses victoires, l'armée allemande n'a fait
qu'essuyer les plâtres.

★
★ ★

Au milieu de tant de nations qui se battent,
certains neutres sont les embusqués.

★
★ ★

Les grands clairvoyants sont les passionnés.
Ils ont la clairvoyance profonde et presciente;

tandis que les sceptiques s'en tiennent à une clairvoyance superficielle et tardive, qui n'est, la plupart du temps, qu'une sorte de déception satisfaite.

⁎⁎

Il est une pitié coulante et sans réaction qui, en dépit des apparences, n'est qu'un aspect de la bestialité.

⁎⁎

Un des signes caractéristiques, une des plus souples qualités de la France, c'est qu'elle est capable d'avoir l'esprit très différent du cœur.

⁎⁎

Fiez-vous à un soldat qui, passant près d'un supérieur blessé, le salue d'un geste fervent, avec un regard où s'allument à la fois le respect et la fureur.

⁎⁎

Pour juger les Italiens, les Allemands

auraient dû se souvenir que l'Italie du ciel bleu est aussi celle des tremblements de terre.

*
* *

Rien n'est plus amusant que le contraste entre un Français et un Anglais disant le même juron : le Français le détache cavalièrement et comme à la volée; l'Anglais l'entonne avec une résolution froide, et comme s'il le prononçait en même temps pour toute l'Angleterre et pour toute sa vie.

*
* *

Celui que son âge soustrait à la guerre ajoute à la rancœur d'être trop vieux pour se battre le regret de ne même pas savoir si, plus jeune, il se serait bien battu.

*
* *

Shakespeare a résolu le plus ardu des problèmes littéraires d'une façon magnifique : il est un visionnaire qui voit juste.

8.

*
* *

Pour un pays, parler trop tard au nom de
sa force est encore une preuve de faiblesse.

*
* *

Après une victoire française, certains Français à âme de vaincus recherchent âprement,
dans le chiffre de nos morts, une illusion de
la défaite.

*
* *

Il sied d'organiser avec soin ses représailles
et d'éviter l'improvisation, même dans la
cruauté.

*
* *

Comme, à faire les métiers de l'homme,
les femmes prennent vite ses défauts !

*
* *

Ceux des internationalistes français qui combattent pour la France ont senti le frisson
sacré : ils sont désormais nos frères. Quant à
ceux qui, demeurés dans la vie civile, se con-

tenteraient, durant les hostilités, de faire une saison de patriotisme, on saurait leur prouver rudement, la paix venue, que l'amour de la patrie ne se quitte pas comme une villégiature.

*
* *

Telles anecdotes de guerre qui, contées par des soldats avec leur bravoure sobre, vous font battre le cœur, prennent, répétées par des civils, l'aspect fâcheux des histoires de chasse.

*
* *

Le gouvernement démocratique, c'est l'autorité qui obéit.

*
* *

L'activité du Français se fonde sur l'épargne, celle de l'Allemand sur le crédit.

*
* *

La lâcheté prend toutes les formes, même la forme de l'honneur.

Parmi les civils qui osent se plaindre de la longueur des hostilités, les plus bas de tous sont ceux qui appliquent aux destinées nationales leur impatience de gens cossus habitués à être vite servis.

Ce qu'il y a d'inférieur dans l'intelligence de l'homme d'affaires, c'est qu'elle n'est souvent faite que de la bêtise d'autrui.

Les neutres que l'on circonvient de phrases diplomatiques sont comme les femmes que l'on étourdit de propos galants : elles veulent qu'on agisse en même temps qu'on parle.

Une des plus furieuses tristesses de l'heure présente, c'est que de jeunes Français, fauchés par cette guerre, soient morts avant de vieux politiciens qui n'ont pas su la préparer.

*
* *

Il a fallu que l'Europe fût en feu pour que certains bourgeois comprissent — un peu tardivement peut-être — le plaisir qu'il peut y avoir à s'asseoir sur un banc des rues à côté d'un homme du peuple et à lui parler du temps qu'il fait...

*
* *

S'il est trop vrai que la diplomatie de la Quadruple-Entente ne sache pas parler aux petites nations, la diplomatie de l'Allemagne ne sait pas parler aux grandes.

*
* *

Après la guerre — quand ce sera fini de se heurter sans trêve à « l'union sacrée » passe-partout — quelle joie de doser son affection et même sa politesse envers les gens, selon le degré de foi qu'ils auront témoigné en la patrie!

Dès l'instant que nous ne sommes pas morts de la guerre aiguë, les Allemands crèveront de la guerre chronique.

***

Tel journaliste antimilitariste du temps de paix, qui célèbre, en temps de guerre, l'héroïsme et la mort glorieuse du soldat, est sincère; mais tel autre n'a changé que l'assaisonnement de sa cuisine et juge adroit, pour la vente, de servir son canard au sang...

***

En général, dans leurs discours politiques, les ministres italiens sont des hommes d'État qui parlent, et les ministres français sont des orateurs qui croient gouverner.

***

Un brave militaire d'une espèce assez dangereuse est celui qui, en présence d'un civil

plein d'une saine confiance, aime à la contre-
dire et à ébranler sa foi, pour le simple plaisir
d'avoir l'air mieux renseigné.

*
* *

Les représailles exercées contre un ennemi
sans foi ni loi ont pour but de nous venger et,
s'il se peut, de nous garantir, mais non pas de
nous apaiser. Elles doivent, tout au contraire,
enflammer notre haine. Car elles nous rendent
l'indigne adversaire doublement exécrable :
d'abord parce qu'il s'est servi de moyens
abjects, et ensuite parce qu'il nous a contraints
à nous en servir.

*
* *

Parmi les hommes mariés qui, la guerre
finie, rentrernt dans leur ménage après une
longue séparation, beaucoup seront comme des
mutilés moraux qui devront s'astreindre à une
véritable rééducation conjugale.

Le patriotisme change, suivant la façon
dont s'est formée la patrie.

D'âme fataliste et distante, contemplatifs
et guerriers, indifférents et héroïques, têtus
et explosifs, les admirables Bretons sont
comme des Orientaux de la brume.

Le pacifisme ne serait vraiment une haute
doctrine que si l'on était pacifiste par générosité pour l'adversaire, et non par crainte pour
soi-même.

Devant les atrocités allemandes, quelques
neutres ont adopté une attitude pleine de
noblesse : leur cœur les condamne, et leur
commerce les favorise.

La guerre donne naissance à un genre d'envie imprévu et contraire aux lois habituelles de ce sentiment : car elle crée l'envie de l'homme jeune à l'égard de l'homme plus âgé, l'envie silencieuse et farouche de certains mobilisés sans entrain à l'égard de ceux qui ont passé l'âge d'être soldats.

* *

En temps de guerre une des ruses du civil en défaillance, c'est d'exagérer lourdement le mérite de celui qui se tient et d'en faire une sorte de héros. Il se donne ainsi à lui-même l'illusion de rester un homme.

* *

La clairvoyance a son lyrisme.

* *

Peuple ou individu, on ne doit jamais regretter d'avoir été poli — surtout quand c'est pour la dernière fois.

9

*
* *

En temps de guerre, la manœuvre de quelques écrivains antimilitaristes, convertis par force, consiste à exalter l'armée pour pouvoir traîtreusement rabaisser les chefs.

*
* *

Après tout, pour les nations comme pour les enfants, l'ingratitude est peut-être une loi de croissance.

*
* *

Rien ne prouve mieux le déséquilibre mental des sombres lourdauds de la Germanie que ce simple fait : ils célèbrent le torpillage d'un transatlantique inoffensif et croient témoigner leur grandeur d'âme en applaudissant, en pleine guerre, quelque opéra-comique français. Goujats sanglants qui compensent l'assassinat par le *Postillon de Lonjumeau !*

*
* *

L'indignation trop bruyante de quelques politiciens devant certaines malversations ressemble à la pudeur offensée de Mme Putiphar...

*
* *

Beaucoup de civils entendent par « front principal » le front le plus rapproché de leur personne.

*
* *

L'aspect impersonnel et presque mécanique que prend la charité chez certains la retourne contre eux. Car elle fait penser beaucoup moins au bien qu'ils font qu'à l'argent qu'ils gagnent.

*
* *

Malgré tous leurs arguments de façade, on a l'impression que la plupart des députés en âge de porter les armes, qui s'obstinent a siéger en temps de guerre, préfèrent la certitude de vivre pour leur arrondissement au danger de mourir pour leur patrie.

*
* *

Quand on se familiarise avec Moussorgsky, Rimsky-Korsakow ou Borodine, on éprouve que plus d'un compositeur français contemporain fait la substance de sa musique avec ce qui serait tout juste la ponctuation de la leur.

*
* *

Dans le fracas d'une guerre, certains écrits patriotiques d'une petite émotion aimable semblent le zézaiement d'un bébé.

*
* *

Tel vieux drôle de la politique serait amusant comme un clown, si les destinées de la France pouvaient faire un numéro de cirque.

*
* *

Parmi les pessimistes, un des plus néfastes

est celui qui, après avoir semé, chaque jour, le découragement dans son entourage, croit accomplir tout son devoir en allant dans quelque ambulance laver vaguement quelque vaisselle avec un regard pénétré.

.·.

Quel dommage qu'une guerre ne puisse pas avoir à la fois deux issues : la victoire, pour ceux qui ont cru en leur pays, et la défaite, pour ceux qui en ont douté !

.·.

En dépit du beau mot « progrès », la rapidité brutale des communications et le développement vorace de la rude industrie relégueront de plus en plus à l'arrière-plan une certaine douceur de mœurs et une certaine courtoisie temporisatrice, pour donner le premier rôle à la force. Là est l'idée juste de l'Allemagne. Mais, précisément pour cette cause, et en vertu de la logique interne —

éternelle comme le feu central — qui régit la marche du monde, il sera de plus en plus nécessaire que la force soit animée par le souffle d'une idée haute. Et c'est ce que l'Allemagne ne comprend pas. Voilà pourquoi elle n'est que la moitié d'une nation-reine.

*
* *

Certains petits peuples craintifs ont le mauvais procédé facile; mais c'est un peu à la façon des enfants qui pointent constamment leur coude contre la gifle redoutée.

.
. .

Pour les civils, en temps de guerre, vivre seul trempe les âmes fortes et noie les âmes faibles.

.
. .

Ce qui offusque l'homme de pensée dans ses relations avec les gens du monde, c'est leur tendance à se croire plus intelligents qu'ils ne sont; tandis que les gens du peuple

ont cet attrait d'être souvent plus intelligents
qu'ils ne croient.

.*.

En temps de guerre, le mot « imbécile »
doit être employé principalement dans son
acception essentielle : esprit sans force.

.*.

Dans la musique russe, quel beau mélange
de résignation poignante et d'ivresse enra-
gée !

.*.

Les anarchistes qui, après avoir assassiné
deux présidents de république, un roi cons-
titutionnel, et une impératrice errante, lais-
sèrent la vie aux seuls souverains qu'il aurait
fallu supprimer, ne sont plus désormais que
des banqueroutiers du régicide.

.*.

Le temps de guerre rend éclectique.

Comme ces insectes qui meurent en laissant leur dard dans la piqûre, peut-être la Grèce est-elle morte en donnant la Beauté au monde.

Pendant une guerre, la grande faute de certains, c'est de prêter naturellement à leur inquiétude la forme de la défiance.

Un jour français vaut un mois allemand.

L'aphorisme d'après lequel « toutes les opinions sont respectables, pourvu qu'elles soient sincères », est pour salon académique ou pour île déserte. Dans la vie sociale ou nationale, certaines opinions sont d'autant moins respectables que leur sincérité est plus grande.

Pauvres femmes qui fûtes prises de force

par des soldats déchaînés de la lâche Allemagne, vous avez le droit d'aimer, à sa naissance, le fruit de cet ignoble crime : vos
entrailles l'ont naturalisé.

.

Le Français le plus patriote peut admirer
Kant avec tranquillité. En déterminant, par
une force de pénétration suprême, le méca-
nisme de la connaissance, ce grand philo-
sophe n'a pas fait une œuvre dont les effets
soient spécifiquement germaniques. Prétendre
le contraire, c'est comme si l'on disait qu'il
peut y avoir des géométries nationales.

.

Beaucoup de mobilisés des campagnes
conservent, comme soldats, cette démarche
paysanne qu'on dirait collée à la terre. Et,
sous leur uniforme, ces laboureurs au front
penché, au pas infatigable et lourd, ont l'air

d'avancer sans trêve dans un sillon qui ne
finit pas : l'éternel sillon de la Patrie.

.*.

Beethoven, c'est l'Océan de la Musique.

.*.

Il arrive que les faibles soient plus dangereux que les criminels. Le mal que fait un
criminel est limité par la mesure même de sa
scélératesse; le mal que peut faire un faible
est sans bornes.

.*.

Parmi les gens qui revendiquent à tout
propos la liberté de penser, beaucoup n'oublient qu'un point : penser.

.*.

Le sain gouvernement des hommes admet
une intelligente part d'erreur. En politique,
vouloir ne jamais se tromper conduit droit à
l'anarchie.

.*.

Il faut plaindre ces civils que le grand

drame de la nation en armes n'exalte pas au-dessus de leur train-train quotidien : c'est eux les vrais estropiés de la guerre.

* *

Les Allemands sont faits pour être, non pas les maîtres, mais les contremaîtres du monde.

* *

On aime sa France — la France de l'Histoire — glorieuse et rieuse, auguste et charmante, orageuse et tendre, d'un amour qui est plus que le simple patriotisme. On aime sa France à la fois comme une mère et comme une petite femme.

* *

Le rôle de l'auteur français en face de l'Allemagne, après la guerre si férocement menée par elle, sera d'entretenir au cœur de

la France la flamme brûlante du souvenir.
Ecrivains, mes frères, prenons tous notre
faction sacrée : c'est nous qui sommes lès
garde-haine.

SAINT-DENIS. — IMPRIMERIE Vᵉ BOUILLANT ET J. DARDAILLON

A LA MÊME LIBRAIRIE

OUVRAGES D'ALBERT GUINON

www.ingramcontent.com/pod-product-compliance
Lightning Source LLC
Chambersburg PA
CBHW060800110426
42739CB00032BA/2124